La herencia
del
deseo

Shark

ISBN:8460673294
ISBN-13:978-84-606-7329-3

El bdsm no es una razón de vivir pero puede ser una razón de ser

Algunas miradas te dejan con la cara fría y las rodillas temblando

No hay mayor placer que ceder el testigo de mando a quien lo puede ostentar y disfrutar al ver que ejerce bien tu destino

Contenido

AGRADECIMIENTOS i

Capítulo 1...1

Capítulo 2...7

Capítulo 3...11

Capítulo 4...22

Capítulo 5...27

Capítulo 6...35

Capítulo 7...47

Capítulo 8...55

Capítulo 9...60

Capítulo 10...68

Capítulo11..79

Capítulo 12...85

Capítulo 13...90

Capítulo 14...94

Capítulo 15...106

Capítulo 16...110

Capítulo 17...113

Capítulo 18...119

Capítulo 19...125

Capítulo 20...129

Capítulo 21...137

Capítulo 22...146

Capítulo 23...150

Capítulo 24...154

Capítulo 25...160

Capítulo 26...165

Capítulo 27...169

Capítulo 28...180

Capítulo 29...188

AGRADECIMIENTOS

Quiero agradecer a todos/as aquellos/as que han dedicado unas horas de su preciado tiempo para leer "La herencia de los sueños" y luego se han dirigido a mí para mostrar su entusiasmo y satisfacción por la novela. Su mensaje ha sido unánime "quiero leer más" por y para todos ellos/as me he embarcado en esta segunda parte que en palabras de mi correctora dice ser mejor que la primera.

También quiero agradecer a quien me ha animado y acompañado desde el minuto uno en la creación de esta segunda entrega, aportando en todo momento la docta visión de su lápiz rojo. Sus atinadas correcciones y aportaciones han llevado a buen puerto esta segunda parte, conduciéndome y redirigiéndome, cuando por unas causas u otras había perdido el rumbo. Gracias por estar en el equipo.

Un sincero agradecimiento para los que sin nombrar saben que una parte de sus aportaciones están aquí.

.

Capítulo 1

Llegó el deseado sábado, el día de la liberación. La espera se me hizo eterna, los chicos que no venían y ni rastro de Adela en la recepción, como un paquete extraviado esperando que alguien viniese a recogerme, mientras en mi interior una cierta inquietud me abordaba removiendo mis entrañas, una sensación inexplicable de soledad y al mismo tiempo de victoria. Intenté que no desapareciese mi sonrisa de la boca porque no hay peor desprecio que no hacer aprecio, mientras veía como mis antiguos compañeros de mesa eran trasladados hasta el comedor y como Eva ni me miraba al cruzar el vestíbulo camino de su despacho. Supe que había tomado la decisión adecuada al huir de aquel cementerio en vida. Allí estaba, esperando, con una única maleta con lo básico y personal. No quería llevarme nada más que me recordase mi estancia en aquel lugar.

¡Por fin aparecieron! Salí como alma que persigue el diablo con mis exiguas pertenencias. Antes de subirme al coche de Adela repasé mentalmente que no me dejase nada, no quería volver a esa residencia bajo ningún concepto. Caí en la cuenta de que me olvidaba algo muy importante, la novela que me impulsó a renacer, aquella que me regaló Raúl y que había quedado rezagada en la mesita de noche de mi habitación. Volví tras mis pasos para recuperarla antes que se me quedase en el olvido.

Con el corazón encogido me subí al coche. El recuerdo de mis vivencias en la casita de la montaña a la que nos dirigíamos hizo que una fugaz lágrima resbalase de mis ojos. La mano de Adela se apoyó en la mía para frenar mi espíritu nostálgico. La miré a los ojos.

—Adela, la casita de la montaña es en realidad la masía donde nací y me crié, y donde mis hijos han pasado todos los veranos de su infancia. Supone mucho volver a instalarme allí gracias a Inma y a ti. La última vez que estuve allí fue poco antes de enfermar mi esposa y desde entonces no me he sentido con ganas ni con fuerzas para volver. Este cambio supone para mi una vuelta a la vida.

**

La masía era un viejo caserón construido en piedra seca. Distribuida en tres plantas, conservaba su estructura tradicional, la planta baja destinada a zonas comunes, una primera planta destinada a habitaciones y una última planta, el desván o golfas, totalmente diáfano.

Cuando llegamos los chicos habían hecho un buen trabajo, preparando la leña y haciendo las revisiones de los servicios de gas, luz y agua, indispensables para tenerlo todo a punto. Irene a su vez estaba centrada en la despensa y su avituallamiento.

Mientras, Adela y yo caminábamos por los alrededores de la casa para hacer un reconocimiento del estado del entorno y su primera toma de contacto con él.

—Es muy bonito todo esto, Ulises. No me lo imaginaba así. Es mucho más grande de lo que había pensado. Me decías que era una casita en la montaña y esto es toda una masía con tres plantas. ¿En qué parte nos instalaremos?
—Adela, La planta de arriba del todo, son las golfas, es un espacio diáfano en el que además hay que subir escaleras. Si quieren los chicos se pueden ubicar ahí. En la primera planta hay habitaciones y baños, también hay escaleras, esa la reservaré para mis hijos. Nosotros estaremos bien en la planta baja. Hay dos habitaciones y un baño que compartiremos. Le falta un repaso de limpieza general a todo porque

hacía muchos años que no veníamos.

–Abuelo dame dinero que voy al pueblo, necesitas que llene la despensa. Hoy compro para seis. Compraré también para la barbacoa de mañana y una compra general para que tengáis para la semana. ¿Cuántos seremos para comer mañana?

–Oscar y Ramón, los amigos de tu primo, se quedarán a dormir. Cuenta los seis que somos hoy más vuestros padres, e Inma, la fisio. En total seremos once y dile a Manel, el del café, que nos envíe una cuadrilla para hacer una limpieza general de la casa. Él ya sabe a quién enviar.

Cuando volvió Irene de la compra traía el coche cargado hasta los topes. Nos pusimos todos a descargar y a ayudar a ponerlo todo en su sitio.

–Abuelo tu no hagas nada que para eso estamos nosotros.

–Gracias pero no soy un trasto viejo.

–Por favor, –dijo Irene poniendo ojitos de chica cándida– déjanos hacer. Venga siéntate en la mesa que preparamos el almuerzo. ¿Te gustarían unos huevos fritos con panceta?

–¿Yo? lo que diga mi enfermera –durante años había sentido la ausencia de algo tan simple como ese tipo de refrigerio.

–Si solo es un día… haremos una excepción –dijo Adela sonriendo.

En ese momento me di cuenta que también tenía que venir alguien para adecentar la explanada de entrada y la zona donde íbamos a celebrar la barbacoa y lo comenté. Raúl atento se me anticipo.

–De eso ya me he dado cuenta. Dando el repaso general me he dado una vuelta por el pajar y he visto que tenemos, sierra eléctrica y una desbrozadora. Y lo más importante, funcionan. Así que lo he dejado todo preparado para después de desayunar meternos con los hierbajos.

–¿Has visto lo que hay que hacer?–dije.

–Pues claro abuelo, déjalo de nuestra cuenta. Entre nosotros tres lo haremos.

Después del almuerzo Adela y yo nos sentamos en el banco de piedra adosado a la fachada que toda masía que se precie debe tener en la puerta principal de entrada. Mientras los chicos empezaron las tareas de acondicionamiento exterior.

¡Qué sensación! Sentados en el banco de piedra recibiendo el tenue calor del sol. Un estado de bienestar me inundó por dentro. Esa sensación que partía de la boca de mi estómago y se esparcía por todo mi cuerpo. Parecíamos una gran familia en sintonía.

—Estoy muy agradecido porque aceptases venir Adela. Sin tu presencia esto habría sido impensable —acerqué mi mano a la suya para acariciarla y cogérsela.
—Gracias por proponérmelo. Nunca pensé que viviría en un entorno como este. Vivir aquí va a ser como estar a diez minutos de la gloria celestial. Esto es magnífico y espectacular. Vivir con este silencio. Aquí se respira paz y tranquilidad en todos los rincones.
—¿Qué te parece si empezamos a preparar la comida?— dije.
—¿Tú? ¿Sabes cocinar?

Nos levantamos del banco y al entrar en la masía se agarró a mi brazo.

—¿Cómo crees que sobreviví desde que enviudé? Cuando entre en aquella residencia me abandoné por completo. Quiero retomar de nuevo el arte de los fogones ya veremos hasta donde aguantan mis piernas.
—¿Qué quieres hacer? ¿No te aguantarán?
—Adela en la cocina se está mucho rato de pie. Vamos a empezar por un buen sofrito y a partir de ahí lo que se quiera. Así que lo primero vamos a poner un par de cebollas a caramelizar y luego el tomate mientras decidimos qué hacer.
—Para la tropa que somos hoy ¿qué tal unos macarrones? – dijo Adela.
—Buena idea—dijo Irene entrando en la cocina. He comprado unas butifarras para mañana, podríamos deshacer alguna para mezclarla con los macarrones.

Mientras entre los tres íbamos preparando la comida, aparecieron los chicos sedientos y hambrientos. El ejercicio físico es lo que tiene. Me despisté un poco de los fogones dejando a Adela al cargo para preparar unos taquitos de queso y un poco de jamón con la ayuda de Irene, y poder compartir un aperitivo los seis. En ese momento se presentó la cuadrilla de cuatro mujeres que Manel me enviaba para hacer la limpieza general. Como eran ya conocidas les dije que empezasen por las golfas, en la última planta y fuesen bajando. Ellas sabían perfectamente donde estaba todo, hasta la ropa de las camas y las toallas de los baños.

—La explanada está preparada para hacer lo que se quiera – dijo Raúl, ¿qué quieres hacer?
—Se me había ocurrido hacer una zona ajardinada, con césped, caminos de grava y parterres.
—No es mala idea. Quedaría muy bonito. ¿Quieres que lo hagamos nosotros?
—Si os ofrecéis por supuesto, pero no lo podéis hacer ni hoy ni mañana.
—Ya lo sabemos y ya lo hemos hablado. Así tenemos la excusa para venirnos unos cuantos fines de semana.
—Chicos, no os hace falta ese pretexto para venir a verme, aunque me parece estupendo.
—¡Ea! así sea —aseveró Raúl.

Estaban tan emocionados con crear el jardín, que toda la comida fue una tormenta de ideas. Hablaban de hacer antes el diseño y la instalación de las canalizaciones del riego y poner un sistema de control automático. Además querían hacer un sistema de terrazas ayudados por antiguas traviesas de tren y un rio artificial que por decantación fuese pasando el agua a través de una cascada de terraza en terraza. Les escuché decir que iban a instalar una bomba de agua movida por energía solar para sacar el agua del pozo. Y yo pensé para mí, si son ingenieros que lo demuestren.

Irene había traído un tinto Ribera del Duero del que di buena cuenta durante la comida. Hacía tanto tiempo que no probaba un vino tan exquisito que ni Adela, con sus reticencias, pudo hacer nada por evitarlo. Durante la sobremesa los chicos seguían con sus planes para hacer su primer jardín. Tanto Irene como Adela estaban más preocupadas por otros temas prestando poca atención en los proyectos de jardinería. Los párpados se me cerraban y me instalé en el sofá que había frente a la chimenea. Allí entré en un sueño profundo escuchando sus voces. Cuando la conversación es distendida, ese agradable murmullo te arrulla placenteramente hasta caer rendido.

En algún momento de mi sueño apareció la dulce voz de Adela, que me acompañaba de nuevo proporcionándome bienestar. Mi inconsciente me decía que gracias a Adela e Inma yo estaba allí disfrutando de mi nueva libertad.

Al despertar instintivamente alargué mi brazo y tomé entre mis manos aquella novela que me regaló Raúl y que me estaba apasionando para continuar con su lectura.

Capítulo 2

Esa mañana me desperté muy inquieta. No recordaba si había soñado o no. Lo cierto es que mi cuerpo estaba totalmente húmedo. Había sudado y tenía el camisón empapado, pegado a mi piel. Empezaba a ser una constante en mis despertares. Mi entrepierna como siempre iba por libre. Me di unos minutos para deambular por mis pensamientos. La retórica de cada amanecer. Vivía permanentemente en un estado de vértigo. Me acompañaba la sensación de estar en una montaña rusa sin parada final. Esa sensación de ingravidez constante desde que empecé mi nueva formación no se apartaba de mí. Mi alma escondía su realidad a todo el mundo. No podía permitirme el lujo de dar a conocer mi inmensa felicidad y mucho menos que alguien pudiese percibirlo por mi aspecto. Quizás me delataría una sola mirada. Debía controlar el movimiento de mis pupilas para que mantuviesen su silencio inmutable. Un estado de aparente normalidad. Ocultarme de los demás y ocultarme de mí misma. Refugiarme de mis emociones. Empaquetarlas y ponerlas a buen recaudo. Encerrarlas para que no aflorasen ni pululasen a su libre albedrío. Entendía que era la única forma de poder mantenerme en ese mundo paralelo que habíamos creado. Solo dejarme ir cuando se cerrase la puerta. Solo en ese momento abriría el cerrojo y permitiría a mi adrenalina salir para vivir un nuevo episodio de locura compartida. Intentar olvidar para mantener en silencio mis hormonas. Cuanto más intentaba no recordar más fluían mis pensamientos y recuerdos. Mi imaginación viajaba a velocidades estratosféricas. Como si fuese una película, mis recuerdos formaban una concatenación de imágenes.

Veía caer su mano sobre la mesa a cámara lenta.

Me asaltaron de nuevo los temblores que viví aquella tarde y la sensación de miedo y descontrol. Esa mano caía y volvía a caer en una reiteración de movimientos inconexos y sin continuidad alguna. Me embargaba el no saber cuándo volvería a citarme. Esa tensa espera entre sesión y sesión no era lo que mi alma deseaba, pero entre tanto había decidido tener una vida interior muy rica en silencio, solo acompañada de mi soledad. Deleitarme con todo lo vivido me hacía aislarme del presente y me servía como anestésico temporal. Retumbaba en mi cabeza el eco de una pregunta. ¿Cuándo?

¿Cuándo volvería a estar a sus pies? ¿Cuándo volvería a postrarme ante él?

De hecho el cómo me importaba un bledo, lo que verdaderamente deseaba era estar, ese magnífico verbo irregular. Mil pensamientos se solapaban para mantenerme en ese estado de intranquilidad por lo que deseaba que sucediera y se resistía a suceder. Dos semanas sin saber de él me tenían sumida en la impaciencia. Aunque mi deseo estaba a flor de piel debía mantener la calma para no ser sorprendida por nadie en un renuncio. Aprendí a controlar mi rubor cuando me asaltaban recuerdos de nuestra mazmorra, algo más me seguía dando vueltas en la cabeza. Algo que aún no alcanzaba a comprender, aquella expresión matemática que se quedó en el aire pendiente que yo la resolviese. ¿Qué se supone que tenía que ser aquel $24 + 1$? Era del todo evidente que la solución no era 25, no se refería a una suma. Conociéndolo estaba segura que sería algo más retorcido. Su enigmática propuesta numérica seguía sin descifrarse. Sus vacaciones truncaron la respuesta y mis deseos.

No podía estar más tiempo encantándome en mis pensamientos ni encandilándome con mis emociones, debía salir corriendo de la cama para ponerme en marcha si no quería llegar tarde al trabajo. Me levanté de un salto de la cama y me fui directa a la ducha. Encendí la luz y cerré la puerta. Me puse delante del espejo totalmente erguida. Mi camisón estaba tan pegado a mi piel que se me transparentaba todo. Vi mis pezones totalmente duros y tuve la tentación. Acerqué mi dedo índice a uno de ellos y lo rocé con la yema de mi dedo, lo acaricié dando vueltas alrededor de la aureola y deteniéndome momentáneamente en el pezón. Me lo pedía a voces el muy traidor. Me desabroche el camisón y lo deje caer a mis pies deslizándose por mi cuerpo ardiente. Me metí en la ducha. Toda mi piel se había erizado por mis caricias y el roce del raso de mi camisón. No pude evitar la tentación de hacer con mis dedos una pinza y asestarme un par de pellizcos en aquellos pezones totalmente erectos y exultantes mientras empezaba a caer el agua por todo mi cuerpo.

Esa sensación de bienestar matutino en el entorno de la privacidad de mi baño me hizo recordar a mi Señor y nuestra última sesión. Ese recuerdo me había excitado al extremo de desear estallar. Sentí una presión en mis cervicales. El calor inundo mi cuerpo y mi mente. Me enjaboné las manos dispuesta a recorrerlo disfrutando las sensaciones. Cerré mis ojos para imaginar, imaginar que no eran mis manos las que me estaban acariciando sino las de él. Me aparté instintivamente del chorro de agua para poderlo hacer apoyándome en la mampara. Acaricié mis senos con mis manos enjabonadas que se deslizaban lentamente, rodeándolos y presionándolos hacía mí. Dejé mi mano izquierda en esa maniobra mientras la derecha iniciaba una incursión a través de mi barriga hacía un destino cierto. El recuerdo del agua caliente en mi clítoris me hizo dar un respingo y acometer mi sexo con la otra mano. ¡Dios! cómo deseaba que no fuese mi mano y fuese la suya. Me abandoné a mis caricias sin abrir los ojos para poderme deleitar con los recuerdos de mi pasado reciente. Me sentí de nuevo al borde del abismo. Mi maquinaria estaba preparada para el advenimiento de mi placer. Mi clítoris estaba duro, a punto de reventar. Justo en el momento en que mi cuerpo empezó a temblar di un paso adelante para sentir al tiempo como corría el chorro de agua sobre mi cuerpo. Tuve que acallar el alborozo de mi éxtasis apretando los dientes para que de mi boca no saliese ni un solo sonido. Resoplando todavía me envolví con la toalla para secarme. Hice cuenta en los días que faltaban para su regreso y me pareció una eternidad.

De regreso a mi habitación me dispuse a vestirme. Miré el reloj. Solo me quedaban quince minutos para salir y aún estaba sin vestir. Abrí la cómoda para coger la ropa interior y a mis manos fue a parar el conjunto que lleve un día para sorprenderlo. Lo acaricié entre mis dedos para sentir su sedosidad, recordando. Dejé mis elucubraciones a un lado y el conjunto de lencería color granate a otro. Me decidí por un culotte blanco y sujetador al tono. Me enfundé el uniforme y me metí en la cocina a prepararme un pequeño refrigerio para no ir con el estómago vacío a trabajar y poderme sacar todas las mariposas que pululaban por él.

El autobús que me llevaba de camino pasó por delante de la tienda de Salva. Miré instintivamente el tatoo que llevaba en mi tobillo y abandoné mi mirada en el infinito para sentirme invadida por las imágenes de los recuerdos que esa tienda me suscitaba. Me seguí recreando hipnótica todo el camino y absorta no advertí que llegaba a mi parada. El recalcón del bus al frenar me hizo dar un salto de mi asiento para volver a la realidad. Suerte que otros viajeros habían solicitado la parada que si no me la habría pasado de largo. Caminando el pequeño trecho que quedaba para llegar al trabajo cogí mi móvil para enviarle un mensaje.

¿Cuándo estará de nuevo aquí? Le necesito. Mi cuerpo y mi alma suspiran por Usted.

Antes de enviarlo me quede plantada en la calle para pensar. Creo que voy a parecer una desesperada. Me dije a mi misma, lo borré al instante y seguí caminando, el tiempo apremiaba si no quería llegar tarde. A las ocho en punto traspasaba la puerta de entrada.

—Hola Sara, buenos días. Casi no llego, se me pegaron las sábanas.
—Buenos días Mar. Tranquila sin novedad en el frente. El jefe aún sigue de vacaciones.
—¡Que suerte! —dije mostrando una alegría simulada por su ausencia aunque por dentro estuviese rabiando por ello.

Tenía varios encargos que Astrid me había anotado en la ruta de trabajo, entre otras cosas recoger el correo de Franc cosa que me alegró porque, aún en su ausencia, tendría la ocasión de recordarle al ver los juguetes que allí dejamos custodiados en los armarios. Aprovecharía para irme antes por la tarde. Había quedado con mi amiga Pilar que hacía demasiado tiempo que no nos veíamos. ¡Qué ganas tenía de tomarme una cerveza con ella!

Capítulo 3

Nuestros días en Moscú llegaban a su fin. Marta había intimado mucho con Irina, la residente temporal en casa de Dimitri. Una joven treintañera moscovita que parecía hacer las delicias de mi jefe y amigo.

Todo empezó con aquella llamada telefónica a primera hora de la mañana a mi móvil cuando acababa de llegar al despacho.

> –Franc, ¿Eres tú?
> –Claro que soy Franc, ¿No me estás llamando a mi móvil?
> –Es que tu voz me suena como metálica. Te vuelvo a llamar.

Colgó. Me quedé mirando el móvil esperando que volviese a sonar. Parecía un tonto absorto comprobando que tenía cobertura. Astrid me llamó por el teléfono interior.

> –¿Qué quieres Astrid? Ahora no puedo atender a nadie.
> –Vale, ¿le digo a Dimitri que no le puedes atender?
> –Espera, espera, a Dimitri si, estaba esperando que me llamase al móvil…
> –Pues te llama por el fijo. Te paso la llamada.
> –De acuerdo.

Solté el móvil de la mano para coger el fijo.

—¿Franc?

—¡Dimitri!

—Si soy yo. No te escuchaba nada por el móvil. Las comunicaciones no van muy bien aquí y en especial las de móvil. Ya me entiendes…

—Me lo puedo figurar.

—Pues no te lo figuras. Ya te lo explicaré. Por cierto ¿no me dijiste que querías venir a verme?

—Si. Claro que te lo dije, pero ahora no puedo, tengo mucho trabajo.

—¡Que tonterías dices! ¿Trabajo? Trabajo es lo que te voy a dar.

Miedo me daba este hombre. Ya teníamos los astilleros hasta los topes con la construcción de los remolcadores para el gobierno ucraniano.

—Franc, llama a Marta que prepare las maletas. Mañana os venís los dos de vacaciones conmigo.

—Venga Dimitri. No me da tiempo de buscar billetes para coger un vuelo para mañana.

—¡Ah! ¿Solo ese es el problema?

—Claro

—Problema resuelto Franc, te paso a buscar con mi nuevo utilitario.

—¿Un utilitario? ¿Qué utilitario? ¿Me estas tomando el pelo?

—Franc, no puedo hablar más tiempo, mañana a las 8 esperadme en el aeropuerto que os paso a recoger.

No me dio tiempo ni a despedirme de él. La comunicación se cortó de repente. Quise volver a llamarle pero desistí. Una señal en la pantalla de mi ordenador me advertía que tenía un correo en la bandeja de entrada.

De: Dimitri247@mail.ru
A: franccirera@navaldinamic.com
Asunto:
No me falles, mañana a las 8.

Me empezaba a inquietar tanta intriga. Su llamada. Esas urgencias del viaje. La coletilla del "ya me entiendes…" y como no su nuevo utilitario me habían dejado en total fuera de juego. Algo lógico viniendo de él, un torbellino de energía. Así que llamé a Marta para explicarle mi conversación con Dimitri y que fuese preparando las maletas.

—Marta, cariño, prepara las maletas que mañana nos vamos de viaje.
—¿Mañana? ¡Qué prisas! ¿Qué llevo?
—No se Marta. Hazte la cuenta. Nos vamos con Dimitri. Ya sabes que siempre hay que improvisar con él. Prepara para dos semanas por si acaso.
—¿Ropa de montaña? ¿De playa? ¿De…
—Tu misma pero coge los pasaportes porque nos vamos a su casa en Moscú.
—Vale. De acuerdo. Entonces ropa de abrigo que aunque sea verano allí no pasan de los 20 grados. ¿A qué hora nos vamos?
—Nos espera a las 8 de la mañana en el aeropuerto. Aún no sé cómo viajamos, me ha dicho algo de un utilitario.
—Me pongo en marcha. ¿Cenas en casa?
—Si. Si. Desde luego. Un beso. Hablamos luego.

Fue colgar con Marta y un nuevo correo de Dimitri.

De: Dimitri247@mail.ru
A: franccirera@navaldinamic.com
Asunto:
Me olvidé decirte que te des una vuelta por el astillero hoy y fíjate bien en el solar que hay al lado. Mira las máquinas. Ya te lo contaré. Hasta mañana.

Este hombre me tenía loco. ¿Ahora al astillero? ¿Qué tendrá que ver el solar de al lado? ¿Y la maquinaría?

Me jodía enormemente este viaje, alteraba mí ritmo y aunque fuesen unas supuestas vacaciones, iba a estar unos cuantos días sin poder ver a Mar. Al salir del despacho me acerqué a Astrid.

—Astrid mañana salgo de viaje a Moscú, me reclama Dimitri, así que estaré unos cuantos días fuera. No sé cuánto tiempo será, cualquier cosa que surja me envías un correo y ya te contestaré cuando me sea posible. Ahora me voy al astillero tengo varías cosas que hacer. Avisa por favor al jefe del astillero que voy para allá.
—¿Quieres que te lleve Charly? ¿Lo aviso?
—No. No hace falta, voy con mi coche. Gracias.

Mientras bajaba con el ascensor fui tomando aire para ventilarme y bajar la presión, estaba muy nervioso por el inminente e inesperado viaje. No encontraba explicación a tanta urgencia y tanto misterio. Pasé de largo por la recepción. Un saludo de cortesía a Sara y Mar. Ya sentado en el coche me llegó un whatsapp.

—¿Qué te pasa? Estabas muy serio. 8:45
—Buenos días mi niña 8:46
—Buenos días mi Señor 8:46
—Tengo un día de perros y mañana salgo de viaje 8:47
—¿Dónde se va mi Señor? 8:47
—A Rusia con el gran jefe. 8:48
—¿Va a estar muchos días? 8:49
—No tengo ni idea 8:49
—Le voy a echar de menos que lo sepa 8:50
—Yo también. Te tengo que dejar. Me tengo que ir ahora mismo 8:51
—Gracias mi Señor. Que tenga buen viaje si no nos vemos. 8:51
—Un beso pequeña 8:52
—Ok. Bye. 8:52
—Bye. 8:53

Apreté el botón de arranque y salí en dirección al astillero. Durante el trayecto tomé la decisión de llamar a Astrid para decirle que ya no iba a volver al despacho y luego llamar a Marta para decirle que iba a comer a casa. Tenía ganas de llegar, comer y tirarme en el sofá un rato.

Me daba tiempo para desayunar así que me acerqué al bar de Juan, frente a mi antiguo despacho. Le di un repaso a la prensa escrita. La última vez que estuve ahí fue donde me enteré del encargo del gobierno ucraniano. Tenía la esperanza de leer alguna información que me diese algo de ventaja con Dimitri. Esta vez la prensa no hacía ninguna mención explícita. En portada la protesta de los gobiernos occidentales por los casos de espionaje telefónico por parte de la CIA a dirigentes europeos. Seguí ojeando las páginas de deportes para poder estar al día, siempre es un buen recurso para poder mantener alguna conversación intranscendente.

Al llegar como era de esperar el jefe del astillero me estaba esperando en la puerta de acceso. Me hizo gracia ese protocolo que con muy buen criterio el Sr. Durán había establecido en aquella empresa.

Tal y como me había dicho Dimitri en el solar que estaba a la derecha del astillero había mucho revuelo de maquinaría removiendo tierras y operarios arriba y abajo. Uno con casco blanco iba dando instrucciones al resto. Me hice la cuenta que sería el arquitecto encargado de la obra. En aquel momento no alcance a comprender el significado que tenía aquella obra para nuestra empresa ni el porqué de la insistencia de Dimitri en que me fijase en ello.

El astillero era un hervidero de actividad. Los dos yates gemelos de alta gama estaban a punto de terminarse. Me quedé asombrado de ver que ya se había empezado a trabajar en el casco de los tres remolcadores encargados por el gobierno ucraniano. Tenía los informes de producción, pero comprobar en primera persona el dinamismo con el que se estaba llevando a cabo la ejecución me sorprendió. Ya ni me fijé en el resto de embarcaciones, las llamadas de serie, que se iban terminando unas para empezar otras. El jefe de astillero, aprovechando mi visita, me indicó que precisaría dos o tres personas más para cada uno de los remolcadores para poder seguir el ritmo de producción y llegar a tiempo con los plazos de entrega. Me saqué el tema de encima. Le dije que me veía con Dimitri en breve y que era una cuestión que ya llevaba en la agenda. Mentira. Cada vez mentía mejor. El hombre asintió. Después de una hora terminé la visita y me despedí.

Me subí al 4 x 4 que me había regalado Dimitri como anticipo de mi retribución variable. Mire el reloj del salpicadero. Se habían hecho las doce del mediodía. Arranqué el motor y me paré a pensar en las pistas que Dimitri me había ido dando. Esta vez me tenía en ascuas. Él siempre con intrigas de palacio. Acabé por abandonar mis elucubraciones, total solo tenía que esperar unas horas. Me fui para casa para hacer las maletas con Marta no sin antes llamar a Astrid para decirle que ya no iba a volver a la oficina.

***

Aún no había sonado mi despertador y ya estaba con los ojos abiertos mirando cuanto tiempo faltaba para las seis de la mañana. Estaba llegando el momento de verme de nuevo con Dimitri y estaba impaciente, muy impaciente. Marta dormía a mi lado plácidamente sin apercibirse que yo ya llevaba un rato despierto. Acabé levantándome para no incordiar dando vueltas en la cama y me fui a la ducha.

Marta se desperezaba cuando ya había terminado de afeitarme y me fui a vestir para dejarle paso a ella. Supuse que se pasaría una eternidad en el baño así que fui a preparar el desayuno. Mi sorpresa vino cuando se presentó en la cocina con aquella pamela rosa que le quedaba preciosa.

—¿Qué te parece? ¿Me la llevo?
—Por supuesto, te queda preciosa.

Se la quitó para poder desayunar mientras esperábamos el taxi que pasaría a recogernos a las siete de la mañana. Puntual a la cita, una llamada telefónica nos avisó que nos estaba esperando en la puerta. Cogimos las maletas, que el taxista acomodó en su maletero y emprendimos camino hacia el aeropuerto. Cada minuto que pasaba estaba más nervioso. Marta, indiferente a mi estado, iba distraída mirando por la ventanilla.

—Franc, ¿Qué repentino viaje no? ¿Qué tripa se le ha roto esta vez a tu amigo?
—No lo sé Marta. No lo sé. Ya sabes cómo es él.
—Bueno no te calientes la cabeza lo vamos a pasar bien.

El taxista paró en una de las puertas de acceso del aeropuerto. Descargamos todos los pertrechos incluida la pamela y nos dirigimos al interior del monumental edificio. No tenía ni idea de donde me tenía que encontrar con Dimitri. Empezamos a caminar en dirección a la cafetería cuando una vibración del móvil me alertó de una llamada. Era Dimitri

—¿Dónde os habéis metido? Os estoy buscando.
—Estamos en el aeropuerto. Cerca de la cafetería.
—Bien, no os mováis de ahí, ahora llego.

Un cochecito eléctrico se acercó a toda prisa. Me dio un arrebato. El estruendo de mi carcajada sonó en el silencio de aquellas horas. Dimitri al volante del vehículo. Sin poderme contener la risa le dije...

—Buenos días Dimitri, como me gusta el utilitario que te has comprado. Es casi mejor que el 4x4 que he dejado en mi garaje.

—¿Me retas?

—No simplemente me muero de risa.

—Vale, vale, si te mueres iremos de entierro. Venga subid aquí que nos vamos. Solo disponemos de quince minutos.

No paraba de reír. Mientras deambulábamos por los pasillos del aeropuerto a toda prisa. Bueno prisa, prisa, la que el utilitario daba de sí. Acerqué mis labios al oído de Dimitri para susurrarle…

—Y… ¿Cuánto tardamos en llegar a Moscú en tu utilitario? ¿Qué velocidad crucero tiene?

—Te lo estás pasando bien ¡Eh! Te vas a caer de culo cuando lleguemos.

—Si, si, sobre todo a esta velocidad. Jajaja.

Atravesamos una puerta con las puertas plastificadas y salimos a la zona de pistas.

—¿Qué? ¿Ahora me dirás que también vuela y que nos pongamos los cinturones?

—Ríete cuanto gustes. Te pasaré factura por tanta guasa.

De repente giró a la derecha y se metió en un hangar.

—¿Ahora qué? ¿Te gusta este Falcon 900? Mi nuevo utilitario…

—¿Vamos a viajar en esto?

—¿Esto Franc? Esto es de mi amigo Vladimir, con el que cenamos está noche. Me lo ha dejado para venirte a buscar y quiere que lo pruebe porque me lo va a vender.

—Vaya amigos que tienes Dimitri.

—Esta noche lo conocerás ya que he organizado una cena privada para los seis. Con este jet llegaremos a Moscú en tres horas y media. ¿Qué te parece?

—¡Qué rápido! Y… ¿Quién es tu amigo Vladimir?

—Es una sorpresa. Ya lo verás.

—Vale. Pues enséñanos tú utilitario.

—Te lo enseño pero rapidito que tenemos pista en diez minutos.

Mientras dos funcionarios nos hacían el trámite de aduanas en el mismo hangar revisando los pasaportes entregados por Marta y los visados entregados previamente por Dimitri, recorrimos el exterior del aparato escuchando atentamente sus explicaciones, ese tipo de explicaciones que cuando uno se compra un coche le gusta dar a sus amigos. En el caso de un jet la cosa no cambiaba mucho.

Estábamos en la parte de cola cuando nos entregaron los pasaportes sellados y las visas deseándonos un feliz viaje. Dimitri dio unos golpecitos con su mano en el fuselaje del avión. Supuse que era para avisar al piloto que íbamos a partir. Fue en ese momento cuando la vi descender por la escalerilla. Una rubia impresionante de piernas largas muy estilizadas. Debí poner cara de bobo por el pellizco que me soltó Marta por la espalda.

—Venid os quiero presentar a Irina.

Mientras se saludaban ella y Marta en un exquisito inglés, Dimitri se acercó a mí para cuchichear.

—Es la hija de un amigo mío, mi nuevo juguete, nos acompañará en el vuelo y cenará con nosotros.

Lo miré de reojo con cara de sorpresa. Era la primera vez que veía a Dimitri acompañado por una mujer. Ella era mucho más joven que él. No hice ningún comentario más. Subimos al aparato y una azafata nos acomodó, cerró la puerta y el jet inició el camino hacia la pista.

—Marta ¿Estás preparada para la aventura? —dijo Dimitri.
—Claro, como no. Este viaje ha sido toda una sorpresa. Cuánto tiempo sin vernos Dimitri. No tienes perdón, la última vez fue hace cinco años por lo menos —dijo Marta.
—Tienes razón Marta, soy un desastre. Te voy a compensar por estos cinco años.

La azafata interrumpió la conversación para indicarnos que era el momento de abrocharse los cinturones y poner rectos los asientos, en el instante que el piloto nos anunciaba que iniciábamos el despegue.

Ya en el aire nos desabrochamos los cinturones en cuanto el piloto dio el aviso. La azafata se levantó de su asiento y fue a buscar algo que entregó a

Dimitri. Una caja rectangular en color granate con las letras y un escudo grabado en color dorado.

—Marta, está es mi compensación. Espero que te guste.

Ella tomó la caja entre sus manos, abrió la solapa con imán y levantó la tapa. La tenía delante y vi su cara de sorpresa. Giró la caja para mostrarme el contenido. Un maravilloso collar de perlas de los que dan dos o tres vueltas al cuello.

—Dimitri, me has dejado sin palabras. No sé si perdonarte o dejar pasar de nuevo el tiempo. A ver si así purgas todos tus pecados. Solo puedo decirte que es precioso, te perdono pero que no vuelva a ocurrir.
—No volverá a suceder, te lo prometo. Ahora me disculparás pero me llevo a Franc a la cabina, te dejo en compañía de Irina.

Hizo un gesto con su mano para que lo siguiese. La cabina era un lugar estrecho pero cabíamos los tres. El piloto, Dimitri y yo. Me senté en el lugar reservado para la azafata y Dimitri se colocó como copiloto.

—¿Sabes manejar éste aparato? —Le pregunté

Se hizo un silencio y recordé entonces que Dimitri había servido en el ejército del aire de su país. En ese momento le escuche decir algo en ruso al piloto que se levantó y se fue.

—Le he dicho que descanse un rato. Vamos con el piloto automático. De hecho me quería quedar a solas contigo en un lugar seguro y este avión lo es. Un momento que desconecto la señal de radio.
—¿A qué viene tanta intriga?
—Mi querido amigo Franc, toda prudencia es poca. Lo que te voy a explicar ahora te hará encajar todas las piezas del puzzle.
—Soy todo oídos.
—Te haces la idea de quién es el que me va a vender este avión y con el que cenamos está noche.
—La verdad es que no.
—Hoy cenamos con el presidente.

Mis cejas se arquearon. Mis párpados se quedaron sin movimiento y mis ojos amenazaban con salirse de su órbita.

–Nos va a hacer un pedido muy importante y no quiere que nadie sepa nada. De ahí la prudencia en las comunicaciones. Te habrás enterado que la CIA está realizando escuchas y vigilancia a los líderes políticos europeos. Los servicios de espionaje de todo el mundo por encargo de la CIA, incluido el Mossad, están vigilando cualquier movimiento. Jugamos con ventaja. Nadie sabe de mi existencia ni de mi astillero. ¿Recuerdas que te pedí que no inscribieses la compra– venta del astillero en el Registro Mercantil?

–Si, claro que me acuerdo.

–Pues esa era la idea, no dar pistas de que me pertenece. Solo tú eres la cabeza visible y así debe seguir, ¿entiendes?

–Empiezo a entender. Y… ¿El solar que me hiciste ir a visitar?

–Eso también forma parte del plan. Es la ampliación que precisa el astillero para poder hacer barcos de mayor envergadura.

–¡Ostia! ¡Dimitri!, ¿Que vamos a construir?

–Fragatas.

–Comprendo. Ahora entiendo el interés de mantener el silencio. Ahora lo entiendo todo.

–Y otra cosa, esta noche te presentaré a Vladimir como el constructor español que va a hacer las fragatas. Él ya sabe la relación que tú y yo tenemos, pero nadie más lo debe saber. Todos los pagos van a venir por empresas interpuestas para evitar el control internacional de los flujos de tesorería. Una parte importante de los pagos será en especie. Este avión forma parte del pago y el suministro constante de petróleo refinado es la otra. Así que haremos un negocio redondo. Será la continuación de lo que ya estamos haciendo con el gobierno ucraniano y tendremos más combustible para vender. La liquidez la seguiremos consiguiendo a través de la venta como hemos hecho hasta ahora.

–Todo esto me parece muy bien, pero…

–¡Ah! Hay un detalle más tus emolumentos crecerán.

–Eso no me preocupa Dimitri, lo que verdaderamente me preocupa es el cómo conseguir tanto acero.

–Déjalo de mi cuenta, tú construye y vende combustible.

Luego me explicó que Irina era la hija del magnate que nos iba a proporcionar el acero, viejo amigo suyo. El muy cabrón lo tenía todo atado y bien atado. Solo quedaba la puesta en escena, esa cena privada en la que se iban a sellar todos los acuerdos.

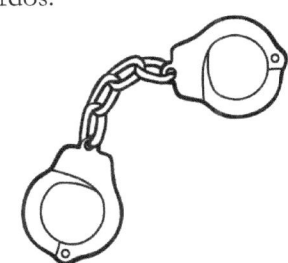

Capítulo 4

A primera hora de la mañana llegaron mis hijos con sus parejas. Lo cierto era que el día anterior entre Raúl y los chicos por un lado, Irene con las cuestiones de aprovisionamiento y la cuadrilla poniendo todo en orden había quedado todo en perfecto estado de revista.

Esperaba un poco más de tensión en el encuentro. Los efusivos abrazos y el que ellos, mis hijos, me viesen tan enérgico y vital les hizo cambiar su inicial reticencia a que hubiese salido de la residencia. Me tranquilizó su actitud y de alguna manera me daba a pensar que íbamos a tener una barbacoa de lo más agradable. Quince minutos más tarde apareció Inma.

Nos sorprendió a todos cuando la vimos bajarse de su vehículo con aquellos pantaloncitos cortos mostrando sus admirables piernas. La cara de Raúl y sus amigos, al mirarla embobados, reflejaba la sorpresa de todos nosotros. Debo reconocer que la inspeccioné yo también de arriba a abajo. Nunca había visto a Inma sin su habitual uniforme blanco y este cambio merecía la pena.

El abrazo entre Inma y Adela se me hizo eterno. Se las notaba felices por su reencuentro en este otro espacio más lúdico y tácitamente de su éxito. Yo también quería mi parte del botín así que hice por separarlas para reclamar mi abrazo. Cuando tenía rodeada a Inma con mis brazos hice un amago de caerme para que me abrazase más fuerte sonriendo de oreja a oreja para que descubriese mi engaño.

—Ulises no se me haga el débil que me debe un baile.
—¿Igual te crees que me he olvidado? Ya tengo seleccionada hasta la pieza que vamos a bailar.
—¿Cuál es?
—Es una sorpresa. Ya te diré cuándo será. Lo primero es lo primero, ¿has almorzado?
—Pues la verdad que no.
—Nosotros estábamos terminado el nuestro, acompáñanos.

Tan pronto como terminamos un nuevo repaso al almuerzo e Inma hubo hecho lo propio, nuestra pequeña organización social se puso en marcha con su imperturbable precisión.

En la explanada de la entrada principal se iban a montar las mesas y la barbacoa mientras yo me iba con Adela e Inma a pasear un rato no sin antes pasar por el recibidor a coger los bastones. En ese momento instintivamente me giré. Raúl y sus amigos a lo que le estaban tomando las medidas era al culo de Inma del que no quitaban ojo desde la distancia.

Sentí un sumo placer cuando carraspee para hacerlos cambiar de punto de visión, se habían sentido observados y censurados.

De vuelta de la excursión mis piernas andaban un poco flojas y les pedí sentarnos un momento en uno de los grandes pedruscos que a lo largo del camino de regreso había a los lados.

—¿Qué Ulises? ¿Ya te has cansado? Voy a tener que venir más a menudo para terminar de ponerte en forma.
—Precisamente estaba pensando lo mismo —advertí. Tengo que terminar de recuperarme y estar preparado para lo que haga falta.

El tono jocoso como había pronunciado el "lo que haga falta" provocó un estallido de risas, como no podía ser menos. No me cabía ninguna duda que aquel era mi día y que todos estaban dispuestos a hacer de él un acontecimiento inolvidable del que hablar y recordar.

En la masía ya estaban todos en la explanada. Lo tenían todo instalado, incluso las mesas y los bancos. Irene y su madre, mi pequeña que se había hecho adulta, empezaban a sacar de la cocina las bandejas con la carne y el pan. Habían instalado un equipo de música. No pregunté pero alguien me había leído la mente, era lo que necesitaba para poder cumplir mi compromiso con Inma. Compromiso y deseo. Empezaron los primeros compases de la música. La voz de María Callas en su papel de Carmen me gustó. Al cabo de un rato sonó I will always love you de Witney Houston. Miré a Inma que instintivamente vino a mí. La tome entre mis brazos para disfrutar de mi primer baile. La fiesta empezaba con buen pie y buenas piernas, las de ella seguían causando furor entre los jóvenes y los no tan jóvenes.

Los aromas inconfundibles del pan tostado, las costillas de cordero y la butifarra empezaban a hacer mella en mí apetito. ¡Cuánto tiempo sin saborear algo tan simple!

—Acabo de preparar diez litros de sangría—dijo Irene—¿Alguien quiere?

Esa frase fue el detonante para el comienzo de una gran fiesta.

***

La barbacoa estaba llegando a su fin. Empezaron las despedidas. Mis dos hijos se excusaron para marcharse y no coger las caravanas de los domingos. Primero se fueron los mayores y luego la juventud. Éstos tenían planes para la tarde así que después de recoger todo se marcharon y nos quedamos solos Adela, Inma y yo.

Advertí el estado de euforia de Inma. Adela la seguía de cerca. Ambas habían dado buena cuenta de aquella sangría de vino mezclada con zumo de fruta natural y se les había subido esa mezcla explosiva. Sugerí a Inma que se quedase a dormir, no podía consentir que condujese en ese estado. Accedió de buen grado por lo que ya no importó que apurasen el medio litro largo que aún quedaba en la jarra. Entre copa y copa y risas y risas iban haciendo brindis.

—Está va por Eva. "La estúpida directora"

—Está va por… ¿Por?… por nuestro Ulises.

Se levantaron y vinieron hacia mí, cogidas del brazo, riendo como colegialas traviesas y peleándose por besarme en la mejilla.

—Aparta que es mío.
—No aparta tú que bailó conmigo —dijo Inma.
—Hoy creo que voy a tener que cuidaros a las dos —les dije— poniendo mis mejillas a su alcance, una para cada una. ¿Ya estáis contentas? Ahora sentaos o tiraos en el sofá, lo que más os guste, mientras preparo la chimenea.

Fui colocando adecuadamente algunos de los leños que habían cortado los chicos y prendí el fuego mientras se adormecían. Con el sonido del fuego devastando la madera, me senté a leer un rato la novela.

Tuve la sensación que se estaban organizando un juego entre ellas del que yo estaba al margen, como simple espectador. El atardecer llegaba a su fin. Fuera de la casa la oscuridad de la noche iba tomando posesión de sus dominios. Dentro solo se escuchaba el crepitar de la leña seca sometida al fuego hiriente. El titileo de las llamas alumbraba el salón creando un ambiente único en el que las personas están en comunión con el silencio. Inma puso su mano en la rodilla de Adela e inició un movimiento circular con su mano, acariciándole la rodilla, como si se hubiese dado un golpe, para aliviarla.

Cuando vi su mano subir por su muslo, acariciándolo por su parte interior algo empezó a moverse en mi interior, una sensación que creía olvidada hacía ya muchos años. Sentado en mi sillón observaba con atención sus evoluciones. Adela puso su mano sobre la que Inma tenía en su muslo para detenerla. En ese instante ambas se miraron. La mirada altiva y de reto de Adela se fue transformando mientras Inma la miraba con los ojos rebosantes de brillo y deseo en los que se reflejaban los destellos del fuego de la chimenea.

Mano sobre mano se mantuvieron unos instantes inmóviles, mientras sus ojos hablaban el ancestral y primario lenguaje del deseo. Comprendí que su complicidad se había adueñado de la situación.

Capítulo 5

Llegó el momento que llevaba todo el día esperando. Eran las seis de la tarde cuando recogí mi mesa y me despedí de mi compañera. Salí por la puerta principal con cierta prisa, había quedado con Pilar en un local cercano al despacho de Franc, nuestra mazmorra, y ya llegaba tarde. Desde la entrada de Franc en mi vida no habíamos tenido ocasión de vernos y teníamos mucho de qué hablar desde nuestro último encuentro. Nos conocíamos hacía muchos años y nunca habíamos tenido secretos la una para la otra, pero esta vez me asaltaban las dudas. Hasta que punto Pilar iba a entender mi relación, cual podía ser su reacción si le hablaba de mi sumisión a Franc...

Nunca habíamos sido feministas en el sentido estricto de la palabra, a menudo hablábamos de nuestra igualdad ante los hombres, criticábamos la actitud de muchas mujeres que vivían sometidas a sus parejas, anuladas sexual y socialmente, y, aun sabiendo que no era ni mucho menos lo mismo, temía no saber explicarle mis sentimientos y que confundiera mi sumisión con esa situación.

Durante el trayecto, hundida en estos pensamientos acariciaba el collar que Franc me había regalado y que no me había quitado en estos días para tenerle siempre presente aunque no estuviera físicamente a mi lado.

Cuando el taxi me dejó en la puerta de la cafetería Pilar llevaba ya un rato sentada en una de las mesas de la terraza.

–Hola Mar. ¡Qué guapa te veo! ¡Qué cambio has dado! Estás impresionante. Me parece que vas a tener que contarme muchas cosas, a mi no me puedes engañar nos conocemos hace muchos años. Esa carita te delata, tú te estás follando a alguien, seguro –soltó, directa como siempre, mientras se levantaba con una gran sonrisa dibujada en la cara.

–Hola Piluca –le dije mientras nos abrazábamos y nos dábamos dos besos.

Era el mote que le pusimos en la escuela y para hacerla enfadar se lo metí por las narices. Me había pillado a contrapié y no sabía que responderle. Necesité de esa argucia para preparar una respuesta que fuese mínimamente coherente. No tenía intención de desvelar mi nueva realidad de buenas a primeras.

–No me llames así que sabes que no me gusta. Anda, deja que te mire bien – dijo separándose de mi sin soltarme las manos –. Oye tú tienes cara de felicidad….

–¿Qué va a ser?–interrumpió el camarero.

–Dos cervezas –dije con convicción para ver si se terminaba la retahíla de halagos y despistaba su insistencia.

–Cuéntame a quién se debe ese cambio tuyo, porque ¿no te ha tocado la lotería, o si?

Se lo había tomado en serio, ni mi estratagema, ni la interrupción del camarero, la iban a hacer desistir u olvidar sus maliciosas intenciones. Me preguntaba si tanto se me notaba que mi alma daba botes de alegría por mi inmensa felicidad. Aún en la soledad y la distancia lo sentía a mi lado, sujetándome, controlándome, supervisándome. Mis sueños y su ausencia me habían convertido en un ser con un deseo incontenible. Estaba a rabiar, con unas ganas locas de lanzarme sobre él, sin pedirle permiso para nada, y comérmelo entero a sabiendas que luego iba a recibir un buen correctivo.

–Sus cervezas, señoritas

El camarero me sacó de mis cábalas. Tome la copa de cerveza y le di un trago largo para justificar mi silencio. Pilar andaba haciéndose la despistada mirando el tráfico.

—¿Cuánto es? —preguntó Pilar.
—Son cuatro euros —respondió el camarero.

Pagó y le dijo que nos cambiábamos a una mesa en el interior, que estaríamos más tranquilas. Buscó un espacio alejado. Yo simplemente la seguí como un corderito que va al matadero. Ella no iba a cejar en su empeño por someterme a un tercer grado. Nada más sentarse su mirada incisiva se clavó en mi collar.

—¡Mar! Suéltalo ya. Nunca me has ocultado nada.

Baje mi mirada atemorizada. ¿Qué reacción podía tener si le contaba la verdad? Tan pronto abriese la boca no se iba a conformar con un "puede que haya alguien" o un "quizás hay alguien" las medias tintas no iban con ella.

—¿Te has echado un amante verdad?

Agarré la copa de cerveza de nuevo y no paré hasta vaciarla para coger fuerzas y envalentonarme. Pilar hizo lo mismo siguiéndome el ritmo.

—No Pilar, no tengo un amante.
—Me estas engañando deliberadamente.

Levantó la mano para avisar al camarero. Cuando se acercó le pidió dos cervezas más y dos chupitos de ginebra que trajo diligentemente. Sin dar respiro a la segunda copa, la tomo entre sus manos y dio buena cuenta de ella hasta dejar tres escasos dedos y se bebió el chupito de ginebra al tiempo que yo hacía lo mismo. No pudo evitar el rubor en su cara al preguntarme…

—Nena, teníamos que reponer fuerzas. Ahora confiésame tu verdad. ¿Con quién te estás viendo?
—No es lo que tú piensas…
—¿Yo? Yo no pienso nada. Estoy expectante. Pero tengo claro que tú tienes un lio, y estas cosas compartidas saben mejor.
—De acuerdo, pero prométeme que no me vas a regañar Pilar, que te sale la vena de madre protectora muy fácilmente. ¿Te acuerdas de

aquel hombre que te comenté que casi se desmaya en la recepción?

—¿Aquel que te dije que esos mareos se le pasarían con un buen revolcón y que te enfadaste conmigo?

—El mismo.

—¿Cómo contactaste con él? ¿Cómo lo encontraste?

—Nos encontramos así de sencillo. Es una historia larga.

—Tengo toda la tarde y si la cosa esta interesante hasta la noche… Ya puedes empezar a contar y quiero saberlo todo, y sobre todo no te ahorres ningún detalle. ¿Cenamos juntas?

—Ya veremos si cenamos juntas. ¿Quieres que te lo explique?

—Desde luego que sí. ¿Nos pedimos algo más fuerte?

—No. Yo de momento me reservo —le dije.

—Al grano, ¿dónde lo encontraste?

—No fue un encuentro como tal, apareció por la empresa y resultó ser junto con su amigo uno de los nuevos propietarios de la empresa donde trabajo.

—No me lo puedo creer. ¿Te has liado con tu jefe?

—Pues sí. Y qué. ¿Me vas a censurar?

—No Mar, por favor, yo no te quiero censurar, pero sabes tú que eso entraña muchos peligros.

—Eso me lo dices tú, la que me decía que me diese un buen revolcón con aquel desconocido…

—Ya, pero yo no sabía que era tu jefe.

—Yo tampoco pero lo que sentí aquel día…

—Y… ¿Es tu amante?

—Ya te he dicho que no tengo amante. Es algo mucho más profundo.

—Mar, ¿no te estarás enamorando?, mira que eso no es lo que yo te recomendaba. Venga cuéntame, como te has metido en esta historia.

—Es largo Pilar.

—Me da lo mismo. Cuenta. Soy todo oídos.

—Bueno, resultó que vinieron a comprarle la empresa a mi antiguo jefe, el Sr. Durán. ¿Recuerdas que te había hablado de él?

—Si, si, lo recuerdo.

—Pues la compraron y él ahora es el Director General. Organizaron una recepción de presentación en un hotel y mi compañera y yo fuimos como recepcionistas para hacer las presentaciones y allí me tienes en esa fiesta. En un momento lo vi apoyado en una barra y me acerqué por detrás. En la fiesta la verdad es que fui a por él. A los pocos minutos estábamos fumando en la terraza del hotel.

—¿Fumando? Si tú no fumas.

—Pues fumé. Con la excusa de encender el cigarrillo le acaricié la mano y algo estalló dentro de mí. De pronto sentí que me faltaba el aire y se me anudaba el estómago.

—Vamos que te estarían temblando las piernas.

—Ya te puedes figurar, de ahí pasamos a quedar para tomar un café fuera de la oficina

—Continua.

—Bueno, al día siguiente estuvimos jugueteando con correos electrónicos de ida y vuelta y luego con los whatsapps porque decía que era más seguro. Me iba mandando mensajes y comenzó una cuenta atrás desde las doce del mediodía. Mensajes que le iba respondiendo con cierta chulería, en uno le dije que no acostumbraba a ponerme nerviosa antes de tomar café a lo que él respondió que lo excitante del café es que actúa luego. El colofón fue cuando me dijo que si me veía muy excitada me ataría a la pata de la mesa. Ese jugueteo me estaba haciendo disfrutar como nunca.

—Nena no te reconozco, pero sigue.

—Sigo, sigo. A la hora convenida estaba en el lugar que habíamos acordado. Te puedes hacer idea, con las piernas temblando, la garganta reseca y el corazón en un puño. Cuando entré él me estaba esperando. Me hizo sentar y cuando vino el camarero a tomar nota pidió por mi sin preguntar. Él se pidió un café con hielo y se hizo traer los cubitos en un vaso aparte. Empezó a juguetear con uno de ellos entre sus dedos y lo acercó a mis labios para mojármelos. El roce del frio contra mis labios los enrojeció, luego me hizo abrir la   boca y siguió jugueteando con el cubito hasta que me lo metió en la boca, hizo que lo tuviese un rato y luego acercó su vaso para que lo depositase allí. Dijo que su café tendría un gusto especial. ¡Figúrate!

—Me está interesando tu historia.

—Pues bien, me propuso un juego más. Me propuso iniciarme en el BDSM y el ser mi maestro, para ello iba a dejar caer su mano sobre la mesa si la tomaba y la estrechaba nos íbamos cada uno por el camino que había venido, pero si la besaba significaría que aceptaba mi condición de alumna.

Me reí para liberar mi tensión y con cierta malicia para ver la cara de Pilar y crearle un poco de intriga. Se removía en su silla inquieta, impaciente. Yo estaba reviviendo el momento con la misma intensidad que lo viví.

—Estoy atónita.

—Pilar ¿Lo quieres saber todo, todo, todo? Pues dame tiempo. Esos recuerdos aún los tengo muy vivos y una no es de piedra.

—Yo tampoco soy de piedra Mar y lo que me estas explicando no me lo esperaba.

—Tan pronto bese su mano se desencadenó el frenesí dentro de mí. Ya no atendía a mi razón solo la dirección donde mis hormonas me llevaban. No quise opinar, solo quería dejarme llevar, que él fuese mi guía. ¡Sígueme! —dijo—una palabra que hizo que mi cuerpo se pusiese a temblar. No te puedes hacer idea de cómo me puse. Le seguí cegada, con mi sangre alterada, mis sienes reventando por tanta presión. Cruzamos la calle y nos metimos en un ascensor que llevaba a un parking. Allí mismo me asaltó, me puso contra la pared y me beso. Destrozó mis labios con la pasión de los suyos. Era tal mi excitación que no pude contenerme, me convulsioné y me corrí. Casi me caigo al suelo, mis piernas no soportaban más y me sujetó a tiempo para no caer. Ya en el parking fue increíble. Me hizo entrar en el asiento de atrás y me hizo esperar. Yo estaba desbordada, esa espera me consumía. Cuando el entró me abandoné y quedé totalmente a su merced, hizo que tuviese una experiencia tremenda, un orgasmo tras otro, como no me había pasado nunca. No sé cómo lo hizo, nunca antes había sentido algo así.

Desde ese momento no hago más que esperar como loca nuestros encuentros. Ni te imaginas lo intensos que son.

—Y que, ya tenéis un nidito de amor o seguís en el coche como dos adolescentes.

—Pilar, tómatelo en serio, que me está costando mucho contarte todo esto.

—Mar sabes que soy así, no me rio, me alegro por ti, pero no te pongas en actitud de novia tímida, que no te va nada. A lo que íbamos, os veis en un hotel o tenéis algún sitio discreto, que me vendría bien saberlo para que me lo dejes alguna vez.

—Nos vemos en su antiguo despacho, que está aquí cerca, lo ha acondicionado para nuestros encuentros.

—Si quieres me lo enseñas, y prometo comportarme como una buena amiga y no meterme más contigo.

—Está bien. Esta ronda la pago yo. Vamos. Acompáñame te lo voy a enseñar.

Nos levantamos de la mesa y nos encaminamos al despacho. Solo tuvimos que cruzar la calle y caminar unos metros para llegar al portal.

—Mar ¿Y ese tatú? —dijo señalando el tatú de mi tobillo.

—Es un regalo de él. ¿Te gusta?

—Es un símbolo bonito. Ya lo había visto en alguna ocasión.

—Me dijo que quería ser el primero en besar mi tatuaje nuevo. Cuando estuvo terminado vino donde me lo estaban haciendo, se deshizo del tatuador, cerró la tienda y me besó en el tobillo. Luego subió por mis piernas y en aquella camilla me ató y me sometió a su voluntad. Hizo de mí lo que quiso, porque soy suya.

—¡Qué pasada! ¿Pero entonces? ¿Vosotros?...

—Pilar despierta. Él es mi Amo. Mi Dueño y Señor para hacer de mi lo que se le antoje. Mi misión es darle satisfacción y placer. Obedecer sus deseos y cumplirlos sin más.

Al entrar en el ascensor se hizo el silencio, Pilar enmudeció, su rostro mostraba sus sentimientos encontrados, llegamos al rellano, abrí la puerta del ascensor con las llaves del despacho en las manos.

—Venga Pilar, no te quedes en el ascensor. Ven. Entra para conocer nuestro paraíso.

Se quedó plantada en la entrada, con sus ojos transitando entre la cruz de San Andrés y la barra elevada con los candelabros. Miraba de un lado a otro, sonrojándose y con la respiración acelerada.

—Mar, ¿esto es para atarte?—balbuceó

—Si Pilar, me ata. Me ata y me azota. Me penetra con sus certeros dedos y me pone fuera de mí. Ven que te enseño los juguetes.

Abrí el armario para que viese todo el arsenal que teníamos. Sus sofocos iban en aumento. Le mostré el látigo y le di un azote en el culo para que lo sintiese.

—Mar ver todo esto me está excitando muchísimo. Esta es un de las fantasías más recurrentes de toda mujer. Yo también las he tenido en alguna ocasión, solo que una cosa es la fantasía y otra es ver que puede hacerse realidad.

—Tener una relación BDSM no es fácil. Se han de tener las cosas muy claras y como aquel que dice estamos empezando. Pilar, todo lo que ves aquí lo hemos usado. A cada rincón de esta mazmorra le hemos sacado provecho. Y ¡de qué forma! Aún están vivas en mi mente las imágenes de nuestro desenfreno. En esta mesa me puso a mil, me sodomizó como una bestia salvaje. En la barra que has visto en la entrada me ató y me azotó. En el suelo me tuvo esperándole un día desnuda, arrodillada, mis manos enlazadas en la espalda y con la fusta en la boca. Cuando llegó usó mi boca para su placer y luego hizo lo que se le antojó. Otro día me llevó a un club privado donde alquiló una mazmorra, en la que estuvimos. Al entrar vi una columna salomónica, y ya me puse a morir nada mas pensar lo que podía pasar. Acabó atándome a esa columna no sin antes pasarme por un reclinatorio y por el potro donde también se despacho a gusto conmigo.

—Mar, por favor, vámonos. Necesito respirar aire fresco y refrescar mi garganta. Ha despertado en mi una mezcla de sensaciones que quiero frenar un poco.

Dejamos todo y nos fuimos. Pilar estaba congestionada. El rubor corría por sus mejillas. A saber cómo estaría por dentro. Al recoger el correo pensé volver otro día para ordenar todo lo que habíamos toqueteado del armario y aprovechar también para hacer un poco de limpieza

Capítulo 6

Me había desgranado todos los pormenores del nuevo encargo, haciendo hincapié en la máxima discreción con la que debíamos llevar el nuevo proyecto. Un último detalle antes de la puesta en escena fue recordarme que en el viaje de vuelta tenía que llevarme los planos y la memoria constructiva. Me quedó meridianamente claro que de este tema no se hablaba por teléfono y mucho menos por correo electrónico, por lo que llegamos a un principio de entente para enviarnos mensajes. A las fragatas las íbamos a llamar "las niñas" para que pudiésemos mantener mensajes que en principio no pudiesen interpretarse más que como algo cotidiano y familiar.

Dimitri avisó al piloto para que volviese a la cabina y tomase de nuevo los mandos del aparato. Salimos de la cabina para compartir el resto del viaje con nuestras chicas. Ambas estaban departiendo entre ellas, obviamente en inglés al ser la única lengua común entre ellas. En un determinado momento nos liamos en conversaciones cruzadas. Dimitri e Irina hablando en ruso, Irina y Marta en inglés, Dimitri con Marta y conmigo en castellano, Marta y yo en catalán.

Acabamos haciendo un esfuerzo entre todos por mantener una sola lengua común para los cuatro por lo que nos pasamos al inglés. Me resultaba muy extraño hablar con Marta en inglés y supuse que a Dimitri le resultaría igual de extraño departir con Irina en otra lengua que no fuese la suya. Después de media hora ya me empezaba a encontrar cómodo con nuestro acuerdo lingüístico.

Irina se mostró absolutamente servicial con nosotros durante todo el viaje, como si ese fuera su cometido y la razón de su presencia en ese vuelo. Su actitud contrastaba con la indiferencia que Dimitri le dispensaba, ignorándola la mayoría de las veces. Irina no se dirigía a él salvo después de un leve movimiento de su cabeza con el que reclamase su atención. Mantenía la mirada baja cuando se dirigía a ella y estaba más pendiente del lenguaje no verbal de sus movimientos que de la conversación en general.

Marta no perdía la ocasión para comentarme con imperceptibles susurros en nuestra lengua vernácula, esos comportamientos. El excesivo servilismo de Irina le estaba llamando la atención y lo criticaba, mientras yo no podía más que envidiar a mi amigo Dimitri por recibir ese tipo de atenciones.

Marta pronunció un tercer comentario al respecto. La hice callar. La recriminé avisándola que ya hablaríamos del tema a solas. Que no era nadie para juzgar a los demás y menos a mi amigo Dimitri.

Continuamos departiendo sobre lo divino y lo humano. Anécdotas graciosas de la vida y sobre todo de comida y bebida. Gran especialidad de Dimitri. Con todo lo que él había viajado seguía siendo un enamorado de la cocina española y un gran especialista en vinos. En un momento de la conversación hizo una referencia de la tortilla de patatas y del pan con tomate. Decía que era increíble que algo tan simple fuese a la vez tan exquisito.

Sin darnos cuenta estábamos llegando a Moscú. No conocía la capital y era difícil hacerme una idea desde el aire. Dimitri nos prometió hacer un tour turístico al día siguiente, repuestos ya de la cena. No alcancé a comprender esa necesidad de reponerse de la cena después de toda una noche de por medio.

Un coche negro, nos estaba esperando a pie de pista para recogernos. De camino a su casa, Dimitri aprovechó para darnos alguna explicación de los barrios por los que íbamos pasando y que allí llaman distritos.

Cuando llegamos, Dimitri hizo que nos acompañase un miembro de su servicio a la habitación que nos tenía reservada. Caminábamos por un largo pasillo, el sirviente delante para mostrarnos el camino, detrás de él Marta y el último iba yo. Estallé. Me acerqué a Marta para susurrarle al oído…

—Ahora te vas a enterar. Nada más cerremos la puerta te voy a enseñar yo.

Caminando giro su cara y me miró con asombro no sin guiñarme un ojo para mostrarme su complicidad. Un ¡Atrévete! Salió de entre sus labios mientras dejo entrever una sonrisa traviesa.

El sirviente nos mostró una puerta que con diligencia abrió y se apartó para cedernos el paso. Entramos y cerré la puerta tras de mí. Corrí el pasador que había en el interior. Dejé mi maleta en el suelo y me puse detrás de Marta.

—Te he dicho que te ibas a enterar, por cuestionar y criticar la relación de Irina y Dimitri.
—¡Huy qué miedo! ¿Desde cuándo no puedo opinar?

Me saqué el cinturón de cuero del pantalón y con él rodeé el cuello de Marta y estiré de él atrayéndola hacía mí. Primero la besé y luego mordisqueé sus labios hasta que vi en sus ojos que se estaba encendiendo. Aparté mis labios de los suyos para obligarla a arrodillarse, tirando del cinturón en dirección al suelo. Desabroché el botón de mi pantalón y liberé mi verga por encima de la goma del bóxer. En ese momento estaba esplendida y pletórica, reluciendo su brillo aterciopelado. Paseé mi glande por sus labios que poco a poco lo fueron humedeciendo. Sin separarme de ella maniobré para tener en una sola mano la correa. De la mano que acababa de liberar apoyé un dedo en su mentón para que me cediese el paso y me lo cedió, entré en ella para sentir la plácida humedad de su boca y el calor que de ella emanaba. Retome la correa con las dos manos. Aproveche para dar una vuelta en su cuello con el cinturón para que quedase bien sujeta y empecé a marcarle el ritmo. Estirando y aflojando la correa con la que había rodeado su cuello, fui entrando y saliendo, saciándome de ella y saboreando el placer de tenerla así. De pronto me aparté, no tenía ninguna intención de darle el gusto y me masturbé frente a ella hasta que llegué al punto, rociándola con mi eyaculación. Cara, cuello y blusa se empararon de mis fluidos.

—Ahora ya sabes cómo se trata a una esclava. Lo que estabas criticando de Dimitri e Irina. Eso y otras perversiones es lo que hace con esa niña y es lo que estoy dispuesto a hacer contigo.

Se removió esperando su momento y como vio que me estaba vistiendo, protestó.

—Y yo ¿Qué?
—Tú vas a esperar hasta esta noche después de la cena. Vas a experimentar el placer de la espera. Y mientras, te quiero solícita, exultante de pasión, corroyéndote las entrañas para que te use como una zorra y solo si me apetece y eres merecedora de ello te dejaré tener un orgasmo.
—Nunca me habías tratado así y quiero que sepas que…
—¿Qué?

Sonrió con perversión, contoneándose mientras se alzaba del suelo.

—Que me está gustando mucho, cabrón.
—Vaya mucho tiempo has tenido tu de congeniar con Irina. A ver si te ha contagiado, tanto criticarla.
—¡Que tonto que eres! Hace tiempo que sueño con esto.
—Tú cumple con tu parte y yo haré lo propio. Arréglate que vamos a ir al encuentro de Dimitri, tenemos una cena de mucho compromiso.
—¿Dónde vamos a cenar?
—Creo que cenamos aquí mismo.
—Muy bien, entonces me pondré cómoda.
—En absoluto, es una cena importante de negocios.
—Ya, pero vosotros ya hacéis negocios.
—Es que… viene alguien más —le dije a Marta.
—¿Quién viene?
—Un amigo de Dimitri que se llama Vladimir. Ya lo verás. Mira a ver si has traído algo y si no le pedimos a Irina.
—No te preocupes. No hará falta. Vengo preparada para todo… He dicho todo… ¡Eh! Que no se te olvide.
—Estupendo. Mientras te arreglas bajaré y me daré una vuelta por el magnífico jardín que tiene Dimitri y a ver si lo veo.

Salí de la habitación mientras Marta deshacía las maletas y buscaba lo que había traído para ponerse. Bajé con la intención de chafardear la mansión y ver el jardín, el cual me causó muy buena impresión al llegar a la casa. Era uno de los lugares que deseaba ver, cuando alguien del servicio se me acercó y en un exquisito inglés me indicó que no podía salir de la casa solo. Enseguida apareció Dimitri.

—Disculpa Franc, no te había avisado de esto, pero esta todo el jardín invadido por la seguridad del presidente. Comprenderás que tienen que tomar medidas.

—Desde luego —dije poco convencido

—De todas formas, mañana te enseñaré toda la casa incluido el jardín. Te va a gustar. Te lo aseguro. Además te enseñare una habitación muy especial. Mi cuarto oscuro. ¿Estás preparado para la cena?

—Sí, yo ya estoy. Marta bajará en un rato.

—Irina también se tomará su tiempo. Ya sabes. Ven conmigo que mientras bajan te enseño una parte de la casa y nos tomamos un vodka en el salón.

—¿Vodka Dimitri? ¿A estas horas?

—Franc ahora estas en mi casa y en mi tierra y aquí se toma vodka a cualquier hora y para celebrar cualquier cosa.

—No te voy a poner ninguna pega pero no quiero ir muy cargado que luego hay trabajo y quiero tener la mente despejada.

—Ya verás que no es nada. Solo lo que te dije. Una puesta en escena.

Se acercaba la hora de la cena. El personal de servicio estaba terminando de dar los últimos toques al comedor y al salón, mientras nosotros ajenos a esas tareas seguíamos departiendo los pormenores previos a la negociación. Las chicas fueron bajando. Primero fue Irina. Simple y llanamente espectacular. Un vestido de coctel por encima de la rodilla. Una mezcla de gasas en azul marino y blanco con una cinturilla de ganchillo que dejaba entrever la tirantez de su vientre, sujeto a los hombros por unos tirantitos estrechos que bajaban para formar un escote que dejaba entrever su terso y joven busto. Una magnífica gargantilla ceñía su cuello realzándolo. No tardo mucho tiempo más en aparecer Marta. Me sorprendió su maquillaje difuminado y un traje chaqueta, que nunca le había visto, ajustado a la cadera y marcando sus líneas femeninas. Mi mente me gastó una mala jugada cuando la iba a llamar por su nombre. Me salió Mar y en una fracción de segundo añadí "ta" y repetí separando las sílabas Mar–ta, mientras sonreía para disimular, ¡Por los pelos!

Alguien del servicio de Dimitri o del servicio de seguridad abrió la puerta principal. Una comitiva de varios vehículos apareció rodeando la rotonda que tenía la casa de Dimitri en su puerta principal y que ocupaba parte del jardín de la parte de delante. Del primer y tercer vehículo bajaron seis hombres inmensos, del tamaño de un armario, para rodear al segundo vehículo. Abrieron una de sus puertas. En ese preciso momento lo vi descender y salir arropado por los hombres de su seguridad. Lo había visto antes por la televisión, en persona se le veía diferente. Entró por la puerta acompañado por otra joven mientras todo su séquito se quedó fuera. Fue directo hacía Dimitri y se fundieron en un fraternal abrazo dándose palmadas en la espalda mientras Vladimir le decía algo. Supuse que se saludaban ya que no entendía nada de ruso. Hice mi traducción a la española. "Cuanto tiempo sin verte cabrón. Es tu culpa que no me vienes a ver", y toda esa retahíla de exabruptos e improperios típicos de buenos colegas.

Me invadió una sensación extraña por estar allí. El presidente era una persona importante a nivel mundial y yo ahí en medio. Dimitri dirigió su mirada hacía mí e hizo lo propio Vladimir. Escuche algo que se asemejaba a "Konstructop" Acercó su mano a la mía con una sonrisa en sus labios y dijo algo que no alcancé a comprender. Sonreí. Dimitri hizo las veces de traductor. Ha dicho que está encantado de conocerte y que espera mucho de ti. Me sonrojé. Viniendo de quien venía me pareció todo un cumplido y en cierta forma un gran compromiso para mí.

Dimitri en su papel de anfitrión, nos guió a todos hacía la biblioteca donde nos esperaba un pequeño coctel. En atención a nuestra presencia tenía organizado algo muy genuinamente español. Albóndigas de bacalao, croquetas, aceitunas rellenas de anchoas, unos tacos de tortilla de patata y unas tostadas con pan con tomate. Un detalle que agradecí. Le estaba explicando a Vladimir que este aperitivo antes de la cena eran especialidades muy españolas en mi honor y para que él pudiese degustar algo de cocina de España. Sonrió tomando una taco de tortilla, al parecer le encantó por la cara de satisfacción que puso. Hizo un comentario que Dimitri me tradujo mientras llenábamos nuestros vasos. "Si Usted es tan buen constructor de barcos como rica está la tortilla vamos a hacer muchas cosas juntos". Me cargué de valor y me dirigí a él. "No tenga duda en ello ni en la discreción con la que vamos a llevar el asunto". "El personal que va a intervenir es de absoluta confianza y tiene contrato de confidencialidad". Esto último me lo inventé, era una fórmula para ofrecer la máxima seguridad. En ese momento hizo un gesto para avisar a su inseparable guardaespaldas que se acercó por detrás de él. Le susurró algo al oído y salió con paso firme de la estancia. No había pasado ni un minuto cuando regresó con tres tubos negros de metro y medio de largo que le entregó a Dimitri. Intuí lo que eran. A su vez me los entregó a mí con la complacencia de Vladimir. Todo muy gestual con miradas de complicidad y asentimiento.

Acto seguido Dimitri nos hizo seguirlo. Atravesamos una puerta camuflada detrás de un gran espejo que hacía las veces de ampliación visual de la biblioteca y recorrimos un pasillo que nos condujo hasta una puerta blindada que abrió con destreza. Aquí depositaremos los planos hasta que emprendas el vuelo de regreso, dijo Dimitri. Asentí y Vladimir relajó su mentón. Cerró el portón y volvimos a la biblioteca donde estaban nuestras acompañantes. Cargaron tres vasos con vodka. Me temí lo peor, mientras Dimitri, certero, me aclaró que teníamos que ser los tres al mismo tiempo y hasta el fondo. Esa era su forma de cerrar un trato. Tomé aire sin sacar de mis labios la sonrisa. Después de escuchar lo que a todas luces era un brindis, levanté mi mano al tiempo que ellos dos y como me había indicado, hasta el fondo. Mi estómago hizo un amago de rugido. Una palmada en la espalda de Dimitri me sacó de la situación. Departimos unos minutos más mientras terminábamos el aperitivo. Empezaba a sentirme cómodo quizás por la influencia del vodka.

Las puertas de la biblioteca se abrieron. Una de las personas del servicio comento algo a Dimitri. Acerté en deducir que "la cena está servida", así lo confirmó. Nos despedimos del ágape no sin antes coger una última croqueta y un taco de tortilla, no tenía muy claro lo que íbamos a cenar. Había leído en alguna parte que las comidas rusas son muy potentes con los picantes y se lo comenté a Marta, que hizo lo propio con un buñuelo y otro taco de tortilla. Nos encaminamos tras nuestro anfitrión al comedor donde nos sentamos en el lugar que nos iba indicando Dimitri. Una mesa redonda adaptada para seis cubiertos. Dimitri, el anfitrión franqueado por Vladimir a su derecha y a mí me había colocado a su izquierda, ideal para podernos traducir. Marta a mi lado y la acompañante femenina de Vladimir en el suyo, quedó descolgada Irina frente a Dimitri y en medio de las dos chicas. Estuvo muy bien pensada toda la distribución. Me relajé. Lo importante ya estaba hecho. El trato ya estaba cerrado y su escenificación, en mi opinión, había sido magnífica. Solo quedaba ponerle el broche de oro. Los dos vodkas que llevaba en el cuerpo ya me habían liberado de las tensiones del momento. No se cena todas las noches con un mandatario tan importante, así que me dispuse a disfrutar.

Un incómodo pitido en mi móvil, indicando que un mensaje o un correo electrónico estaba en la bandeja de entrada, distrajo nuestra atención. No quise mostrar el más mínimo interés por mirarlo. Supuse quien lo podría enviar a esas horas. Un comentario de Dimitri me puso en guardia.

    —Franc mira a ver si es algo importante.
    —No te preocupes Dimitri es una alarma que me olvide de anular.

Ya había cogido por la mano despistar a Dimitri de mis otras realidades. La cena siguió sin más incidentes por mi parte. Observaba a los dos entrañables amigos como departían mientras las chicas a su vez andaban comentando las críticas del último desfile de Moscú al que obviamente Marta no había asistido y estaba encantada con lo que le estaban explicando. Mi mente se ausentó unos instantes al tiempo que me hacía el distraído con el plato que tenía delante. Empecé a degustar el correctivo que mi imaginación estaba diseñando para aplicar a la emisora del mensaje en mí móvil. La mano de Marta sobre mi pierna me sacó de mis cábalas, al tiempo que me susurraba al oído…

    —Vols fer—me la teva goseta? (¿Quieres hacerme tu perrita?)

***

La noche tocaba a su fin. La cena había sido un rotundo éxito. Habíamos comido hasta hartarnos y bebido sin contemplaciones, ellos dos mucho más que yo. Lógicamente estaban muy acostumbrados a su vodka. Un baile cerró la velada. Camino de la habitación Marta se cogió de mi brazo recostando su cabeza en mi hombro, acaramelada, sonriendo por los efectos de los cocteles que se había bebido. La miré a sus ojos que flotaban como una nube. Sus pupilas dilatadas seguían bailando, titilando de un lado a otro, brillaban por los efectos etílicos. En cierto modo la vi expectante, aguardando acontecimientos.

—Así que… ¿Quieres que te haga mi perrita?
—Desde luego. Claro que no se si te vas a atrever.

Algo dentro de mí se revolucionó. Mi otro yo tomo las riendas del momento y se apoderó de mí. La descolgué de mi brazo para acompañar su brazo a su espalda, reclamándole que hiciese lo mismo con el otro. La agarré con una mano por sus muñecas y la llevé unos pasos así hasta llegar a la puerta de la habitación.

—Lo que suceda tras la puerta es lo que tú has reclamado.
—Desde luego —dijo Marta con convicción.

Abrí la puerta. Mi mano seguía sujetando sus muñecas a la altura de sus nalgas. Desde ahí la guié. Empujé desde el nudo que había hecho con sus muñecas para que entrase. Entré tras de ella, la solté y cerré la puerta con el pasador. Me giré hacía Marta. Ella seguía con sus manos enlazadas a su espalda. Erguida y mirando al frente, la abracé desde detrás suyo y le desabroché el único botón que sujetaba su chaqueta y se la pasé por los hombros para inmovilizarla. La acerqué al sofá que había en la habitación y la hice arrodillar de cara al sofá, recosté su cabeza en el asiento y le puse una almohada encima de la cabeza para privarla de visión y mermar el aire que respiraba. La tuve así unos minutos, mientras paseaba dando vueltas alrededor del sofá, hasta que decidí que había llegado el momento de acometerla decididamente. Me acerqué por detrás, apoye una de mis manos en su grupa y con la otra y sin mediar palabra le azoté por encima de su falda en una de sus nalgas, para luego seguir con la otra nalga. Dio sendos respingos al recibirlos. No se quejó. Fue más marcarle el camino que el propio azote. Mi otro yo estaba despertando en mí y me pedía más.

—¿Quieres más perrita?
—Lo quiero todo —la escuché decir desde debajo de la almohada.

La azoté de nuevo y la sentí suspirar. Un suspiro más de sensaciones encontradas que de dolor o satisfacción. Era la primera vez que la azotaba. Nunca antes había sucedido algo así. Marta estaba empezando a experimentar sensaciones nuevas.

—Esto para que nunca más critiques a otra zorra como tú.

—¿Y?... ¿Solo piensas hacer eso para castigarme?

Como sumisa era abiertamente descarada y provocadora. Quizás jugaba con un factor a su favor. Era mi esposa y me conocía demasiado así que tenía que sorprenderla para descolocarla. Hacerla sentir que estaba con otro hombre y no con su marido. Después de una serie de azotes con mayor y menor intensidad me separé de ella para que no me sintiese cerca. Me aparté lo suficiente para coger el pomo de la puerta. Me la jugué. Descorrí el pasador...

—Tú no te muevas de la posición en que te he dejado zorra.

Abrí la puerta y en voz alta dije en inglés...

—Entre y haga con ella lo que desee. Es mía y se la cedo para que la disfrute.

Se cerró la puerta y se escuchó el sonido al correr de nuevo el pasador.

Sin pronunciar una sola palabra le reventó la falda. Rasgándole la costura y abriéndola por la mitad. Le apartó la braga a un lado y acarició sus labios externos para cerciorarse de su estado. Su creciente humedad anunciaba su estado de excitación. Con los cuatro dedos de su mano derecha fue horadando las comisuras de su vagina haciéndola retorcerse en cada movimiento. Su entumecida cavidad daba signos de placer pero de su boca no salía ni un gemido. Era preciso que aflorase su deseo de llegar al orgasmo y no permitírselo de buenas a primeras. La perforó con sus certeros dedos y llegó hasta lo más profundo de su ser. Uno, dos y tres movimientos de penetración y se paró. Su humedad y su estado de excitación en ese momento eran críticos así que le regaló un descanso. De su boca un exabrupto...

—Por favor, no pares.

Siguió el silencio. Mientras le soplaba en su cavidad para frenarla y hacerla desear el advenimiento de su placer. Lo tenía que pedir. Lo tenía que rogar. Lo tenía que suplicar. Dos nuevos azotes la pusieron en órbita. Una nueva incursión digital en su sexo la puso a punto de caramelo. Mi otro yo la estaba llevando al punto donde deseaba tenerla. La idea era situarla al borde del precipicio, en un estado de espera y duda. Crearle una duda razonable. Que creyese estar con otra persona y que la fantasía tiñese de color su orgasmo.

Me quité los pantalones y me arrodillé detrás de ella. Golpeé con mi pelvis sus glúteos para que advirtiese donde estaba situado. En el silencio de aquella habitación la sentí suspirar por su deseo contenido. Me la saqué por un lado de mi calzoncillo y golpeé en la puerta de entrada. La sentí muy excitada con su sexo alterado, esperando el momento de abrirme el camino. Se lo entreabrí con la ayuda de mi prepucio y me quedé parado. Esperando a que se partiese en dos por el deseo de ser penetrada. Sacó sus manos de debajo de la almohada para agarrarse con fuerza a ella y apretarla contra su cabeza. Era tal su humedad que entré hasta el fondo de su ser sin la más mínima contemplación y me volví a quedar parado dentro de ella, para ver sus evoluciones. Su respirar entrecortado empezaba a indicarme que no aguantaría mucho rato más en aquel estado frenético. Le solté un par de cachetes en sus nalgas con las dos manos en el momento que salí de ella. Rebrincó de nuevo mientras compaginaba el escozor en su piel y el placer del roce de mi miembro en su vagina al salir. Esperé cinco segundos sin ejercer contacto alguno para darle un pequeño respiro. Percibí unos leves susurros que provenían de debajo de la almohada.

–¡Por favor! ¡Por favor! No me dejes así.

Le propiné dos azotes más

–¡Por favor! Te lo suplico no me tengas…

No la deje terminar, después de una palmada certera con la que alcancé a rozarle su clítoris, la penetre sin compasión de nuevo hasta lo más profundo que me fue posible. Tembló. Sus piernas me mostraron sus temblores y a los pocos segundos le siguió todo el cuerpo. Me agarré de sus caderas para tenerla bien sujeta e inicié el camino de entrar y salir. De su boca un alarido placentero que me advertía que su inminente llegada. Seguí ya sin parar hasta que sus puños se cerraron agarrándose a la almohada. Ya no dejó de temblar. No la deje respirar y seguí en mis incursiones hasta que conseguí que enlazase un segundo y largo orgasmo. Con la satisfacción de haber recibido esos dos regalos del fondo de sus entrañas, empuje, empuje y empuje hasta descargar en ella toda la carga que llevaba acumulada. Me levanté y volví a abrir la puerta, cerrándola acto seguido. En ese momento su cara salió del escondite improvisado bajo la almohada. Con la respiración aún alterada y recuperando el aliento me miró, sus ojos parpadeaban por el rato que habían estado navegando en la oscuridad.

–Zorra, esta sensación que has tenido hoy, solo se puede sentir una sola vez. Recuerda lo que viviste porque nunca más podrá volver a suceder.

La recogí del suelo, la abracé y la llevé en mis brazos hasta la cama.

Capítulo 7

La chimenea calentaba e iluminaba toda la estancia. Sentado en el sofá, cerré la novela que seguía leyendo invadido por un sopor provocado por la sangría y el cansancio acumulado.

Empecé a soñar que abandonaba el salón, que me levantaba de mi butaca para recogerme en mi habitación cuando alguien me frenó. Sentí que me sujetaban por la muñeca de mi mano izquierda. Una mano cálida me retuvo.

–¿Por qué te vas Ulises? Quédate. Estamos aquí por ti.
–Me iba ya. Esta fiesta ya no es mi fiesta.
–Ulises… esta es nuestra fiesta, la de los tres. Yo quiero que te quedes e Inma también.

Su mano se soltó de mi muñeca para tocar mi pierna y de ahí a acariciar la parte interior de mi muslo mientras Inma despertaba lentamente de su letargo. Esos estímulos empezaron a hacer mella en una parte de mi cuerpo que hacía muchos años que creí en desuso. La sangre fluía como nunca acumulándose por los cuerpos cavernosos.

–Me gustaría que te sintieses bien. Inma y yo hace tiempo que nos conocemos y…
–¿Y?... ¿Qué? No entiendo que me quieres decir.
–Ulises, que de vez en cuando quedamos.
–¿Te refieres a fuera del trabajo?

–Sí.

–¿Solas?

–Sí. Solas. En su casa o en la mía.

Me quedé en silencio. Pensativo. Dubitativo. Desconcertado. Ni por asomo hubiese aventurado algo entre Adela e Inma. Se me resquebrajaban los esquemas. Se me cruzaban imágenes recordando cuando empecé a visitar el gimnasio de la residencia en mí empeño por dejar aquella silla de ruedas. Visualicé el día que conocí a Inma y sus simuladas disputas con Adela, en cuanto a si era de la una o de la otra. Su eco me apartó de nuevo de mí mutismo.

–Ulises ¿Que estás pensando?

–Es que todo esto me viene de nuevo y me tiene algo sorprendido. Yo no pensaba que vosotras…

–Ya te he dicho que de vez en cuando quedamos.

–Sigo sin entender que hago yo aquí en medio.

–Ulises es solo un juego. Nos gusta jugar entre nosotras. Hasta ahora ha sido así, pero puede cambiar. También nos gustaría jugar con un hombre. Lo que sucede es que cuesta encontrar a personas adecuadas. Ya has visto a Inma. Ella quiere jugar.

–Ya lo he visto, por eso me iba.

–¿No te gustaría jugar con nosotras?

La efervescencia de la adrenalina, fruto de esa pregunta, fluía en mi cuerpo, recorriéndolo. A cada segundo que pasaba un abanico de situaciones se presentaba ante mí sin poder calibrar el alcance de las mismas. Tenía ante mí una de las fantasías más recurrentes. Esa que desde la más tierna juventud yace en el inconsciente masculino. Un revuelo de endorfinas me envolvía, creándome un efecto en los ojos que perturbaba mi visión. Mi cuerpo alterado reclamaba tomar decisiones. Aceptar la propuesta o retirarme a mi dormitorio. Tomé aire para aliviar mi tensión y relajarme un poco. Había perdido la costumbre de esa excitación hacía muchos años. Adela me miraba con impaciencia esperando mi decisión, mientras acariciaba el cuello de Inma que se retorcía sobre si misma en el sofá reclamando una ración de lujuria que la llevase a visitar el séptimo cielo.

Un impulso primario se apoderó de mi voluntad. Desapareció de mi toda sombra de cordura y sensatez. El animal que permanecía aletargado en mí emergió con la fuerza que brota la lava de un volcán. Una implosión interior de emociones me envolvió en su cálido manto empujándome hacía el abismo. Estiré de mi muñeca para que se soltase de su mano y me fui camino de la bodega trémulo por la responsabilidad que depositaban en mí. Se me antojó que podría ser una buena sala de juegos.

Se dibujaba en el peregrinaje de mi imaginación utilizar un par de toneles de vino que había a nivel del suelo como elemento de anclaje y tortura. Instintivamente observé que en la pared encalada aún se conservaban las anillas de hierro forjado que se usaban para mantener al ganado sujeto de cuando aquella estancia se había usado como establo en un pasado remoto. En las vigas de madera del techo también se conservaban las poleas usadas para mover los toneles. Era un escenario idóneo para hacer realidad una amalgama de fantasías que pululaban desde hacía pocos minutos por mi mente, reconcomiendo lo poco que me quedaba de sensatez y cordura.

Regresé al salón. Las posiciones seguían igual a como las había dejado. Una medio sentada e Inma recostada con su cabeza sobre las piernas de Adela. Me quedé frente al sofá mirándolas con descaro y desafío.

Las hice ponerse de rodillas encima del sofá para poder tener sus cuellos a mi alcance y a los que les anudé una vieja corbata a cada una de ellas

—No me gusta que las perritas se suban al sofá —dije dando un pequeño tirón del lado de la corbata que estaba en mi poder.

Ambas descendieron del sofá a cuatro patas quedando agazapadas en el suelo. Tenía la intención de cumplir con el deseo que me habían propuesto, jugar. Las hice arrodillar primero para luego hacerlas sentar sobre sus talones y así tenerlas unos minutos observándolas. Resultaba sublime tenerlas así. Fui apreciando sus evoluciones. Quería degustar como su excitación pasaba en un segundo de cero a cien así que estiré de las dos para que me siguiesen hasta donde había decidido que iba a ser el punto central de nuestra actividad lúdica. La bodega.

Durante ese recorrido seguí estirando de ellas, que me seguían, caminado a cuatro patas mientras les iba explicando parte de lo que iba a suceder. Que las iba a tratar como ellas deseaban y que no iba a tener compasión de ninguna de las dos. Sus hormonas seguían el dictado de su imaginación y habían iniciado su camino de descontrol. Al llegar a la puerta de la bodega las hice pasar y cerré la puerta.

—Está puerta se ha cerrado para guardar nuestros secretos más íntimos —dije mientras iba encendiendo, con un cierto protocolo y parsimonia, cada unoa de los diez cirios que estratégicamente había ido colocando para poder apagar la luz.
—Adela levántate y coge esa cuerda que baja desde la polea.
—Si mi Señor.

Obedeció como no podía ser menos. Así que me dispuse a usarla como mi asistente en aquel juego perverso. Hice que anudara la cuerda a las muñecas de Inma. Mientras lo hacía concienzudamente sus miradas se cruzaban con una intensa complicidad. Estiré de la otra punta de la cuerda para ayudarme con la polea a levantarle los brazos a Inma hasta dejarla con los brazos totalmente estirados por delante de su cabeza y anudé el extremo de la cuerda a una de las anillas de hierro de la pared.

—Ahora quiero que la desnudes para mí. La quiero saborear.

Me miró como si me estuviese preguntando cómo hacerlo, cómo sacarle la camiseta. La ayudé entregándole una tijera que había en un estante. La tomó entre sus manos y concienzudamente fue cortándosela. Primero cortó los dos tirantes. Luego se puso en su espalda e hizo un corte de arriba abajo. Bajó su mirada mientras me devolvía la tijera. Me puse delante de Inma para observarla y reclamé la presencia de Adela a mi lado. Le pedí que se arrodillase y que extendiese sus manos para servirme de bandeja. Agarré la camiseta de Inma por el pecho y estiré con suavidad. Cedió dejando al descubierto unos preciosos pechos adornados por un sujetador con una puntillita de encaje todo ello en color rojo. Deposité los restos de la camiseta en la bandeja improvisada con las manos de Adela y me quedé con las tijeras en la mano admirando y disfrutando como nunca de la escena. El olor de los cirios empezaba a invadir todos los rincones de la bodega así que me desplacé para apagar la luz eléctrica. De vuelta agarré a Inma del pelo para estirar de él y tener dominio sobre su cabeza. Estaba con los ojos cerrados y la respiración alterada.

—Adela, quiero que le desabroches los pantalones y se los dejes a la altura de los tobillos.

Adela se movió arrastrando sus rodillas hasta situarse delante de Inma para poder ejecutar mi última orden, mientras fui degustando el placer de saborear con mis labios el cuello de Inma con su piel tersa y joven.

—Ya está mi Señor.
—Adela ahora quiero que le muerdas el coño por encima de sus bragas.

Sin soltar el pelo de Inma, lo que me permitía tener su cabeza por detrás de sus brazos mirando al techo, me puse a su lado, levante la mano que custodiaba la tijera y empecé a cortar los tirantes de su sujetador.

Su cuerpo empezó a experimentar los efectos de la excitación que le provocaban los dientes de Adela. Con un corte limpio entre sus dos tetas el sujetador cayó al suelo dejando a la vista sus impresionantes pechos. No pude evitar la tentación y mientras Adela mordía donde le había ordenado yo hice lo propio que aquellas dos maravillas que asomaban libres de ataduras. Después de lamerlas las mordisqueé para saciarme de ellas. La sobreexcitación a la que la llevamos le provocaron sus primeras convulsiones placenteras. Ya vencida y sin remisión nos entregó su primer orgasmo acompañado de un alarido de placer. No contento con ello, hice apartar la boca de Adela para introducir mi mano derecha por entre sus bragas y acariciar su intensa humedad. Las rugosidades de mi mano la hicieron vibrar desde el primer momento en el que la penetré, jugueteé con su hendidura para provocarle nuevas convulsiones mientras volvía a saborear su pezón derecho que presentaba un estado rígido, muestra palpable de su alteración.

—Adela levanta del suelo. Quiero que te hagas cargo de esa teta— mostrándole su pecho izquierdo.

Me excitó mucho ver como depositó un cálido y tierno beso sobre el pezón de Inma. Una sutileza que la llevó a rodeárselo con sus labios y ocultar su sonrosada aureola absorbiéndola al tiempo que sus dientes la mordisqueaban.

Seguimos dando buena cuenta de sus deliciosas tetas, una para cada uno, sin dejar de seguir taladrando con mi mano su sexo que se mostraba cada vez más mojado y maleable. Nuestras bocas andaban ocupadas con el cuerpo de Inma sin apercibirnos de que nuestras mejillas estaban muy juntas, a escasos milímetros de distancia. Acabaron por encontrarse en ese medio camino que supone el canalillo y se rozaron. Liberé momentáneamente mi boca de sus tareas para depositar un beso en su mejilla, me miró de soslayo sin apartar sus labios de la piel de Inma. Saqué mi mano de su vagina para agarrar sus bragas y, de un tirón, partirlas en dos.

—Adela penétrala con tu mano.

Mientras Adela maniobraba con su mano me acerqué para soltar el nudo que había hecho con la cuerda. Las avisé…

—Inma te voy a soltar de tus ataduras.

Sus brazos cayeron lentamente mientras iba soltando cuerda poco a poco para que su musculatura fuese desentumeciéndose por el tiempo que había mantenido la misma posición. Sus muñecas aún atadas rodearon el cuello de Adela. La atrajo hacía ella en el momento que cerró sus ojos, su tensión seguía a mil revoluciones acompañada de su respiración acelerada. Me di cuenta que empezaba a temblar de nuevo cuando ordené a Adela que se detuviera inmediatamente y saliese de ella. Deseaba mantenerla en ese estado de espera para aumentar más si todavía era posible su tremenda excitación.

—¡Moveos!

Mi dedo índice señalo uno de los dos toneles que había en el suelo, subidos en un pequeño pedestal, para darle un poco de altura. Obedientes siguieron mis instrucciones sin saber que nueva perversión se me habría antojado. Hice poner a Inma de espaldas al tonel y le tiré un par de cuerdas a Adela.

—Átale estas dos cuerdas. Una en cada tobillo y luego aseguras las cuerdas anudándolas en los bordes del pedestal de este tonel. Asegúrate que quedan sus piernas bien separadas para disfrutarla mejor.

Mientras Adela cumplía mis órdenes me pase al otro lado del tonel para acompañándola por sus axilas, recostarla sobre él. Su cuerpo quedó forrando la madera del barril. Tome del extremo de la cuerda que aún estaba anudada a sus muñecas y estiré para tensar la cuerda y sus brazos. Até la cuerda al pedestal dejándola con su cuerpo totalmente arqueado sobre el tonel. Me aparté unos pasos para disfrutar de una imagen sublime de su cuerpo desnudo, arqueado sobre el barril y dispuesto a ser usado a mi antojo. Adela había terminado de asegurar las cuerdas cuando se incorporó del suelo. Me acerqué a su lado.

—Ahora la tenemos totalmente abierta para usarla. Penétrala otra vez con tu mano.

Aproveche el momento que Adela iniciaba la maniobra para poner mi mano junto a la suya. Nuestras manos juntas por los nudillos iniciaron una incursión a las entrañas de Inma. Una primera incursión de prospección nos permitió entrar los primeros dedos. Empezamos a separar sus labios exteriores para abrírselo y poder entrarla más. Su coño rebosante de su lubricante natural estaba entregado a nuestras exigencias manuales. Su cuerpo abandonado por completo a su destino y su mente… su mente debía estar circunvalando marte.

Miré a los ojos de Adela para que entendiese solo con mi mirada lo que pretendía hacer. Lo entendió a la primera. Sacamos los dos al mismo tiempo nuestras manos hasta solo tocar sus paredes vaginales exteriores con las yemas de nuestros dedos. Una nueva mirada y un gesto de mi cabeza hacia adelante le mostraron lo que íbamos a hacer. La penetramos hasta el fondo sin mostrar la más mínima compasión. Los movimientos de nuestras manos se acompasaron iniciando un ritmo trepidante de entrar y salir. Inma no dejaba de convulsionarse moviendo su cuerpo de un lado al otro, retorciéndose de placer por todo lo que estábamos haciéndole. Un grito desgarrador salió de su garganta cuando se desparramó en nuestras manos. Salimos de ella para dejarla relajarse. Sus temblores fueron bajando de intensidad y su respiración poco a poco retomó el sosiego mientras fui desabrochando los botones de la camisa de Adela, lo suficiente para meter mi mano por dentro para toquetearla y sentir el calor de su cuerpo.

Me desperté sobresaltado y tremendamente alterado. Ellas durmiendo, recostadas en el sofá, cada una con la cabeza a un lado y los pies entrecruzados. Creí haber vivido una realidad, ruborizado por la erección que sentía palpitar por entre mis piernas y que iba perdiendo vigor. Avergonzado, pensé en lo que Inma o Adela podrían pensar si descubriesen de alguna forma todo lo que mi imaginación había creado, con ellas como protagonistas, a través de mis sueños. Me sonreí ya que en ese caso disponía de una buena aliada que me ofrecía la coartada perfecta. Llegado esa necesidad que tuviese que dar explicaciones la sangría me sacaría del atolladero. Me reconcomía la pregunta de si sería capaz de mirarlas a la cara después de este suceso involuntario. Ahora ya solo quedaban las cenizas de la pasión vivida bajo el manto del sueño que acababa de tener. Me prometí abandonar la lectura de aquella novela. La culpe a ella del sueño inducido y el brote de perversiones que me había provocado.

Capítulo 8

Ya llevaba una semana sin verle y se me hacía insoportable. Por eso le envié el mensaje. Ya no resistía más la tentación de comunicarme con él. No lo quería reconocer pero lo necesitaba. Me la jugué. Me di cuenta tarde que quizás lo puse en un compromiso, el mal ya estaba hecho. Ni me respondió. Ese silencio suyo me hizo comprender que no me había comportado como una mujer adulta, había sido más la forma de hacer de una niña malcriada reclamando su atención.

Por ese silencio creció en mi alma la sensación de ser un trasto abandonado en un rincón, el juguete roto con el que ya no se va a jugar nunca más. Me equivoqué y ya me había convencido que ahora pagaría las consecuencias de mi error. Su furia sería incontenible. ¿Y si lo perdía? Lo perdería para siempre. La sola idea de poderlo perder me llevo a un ataque de miedo y pánico. Me aterraba pensar en esa posibilidad y todo por culpa de mi estupidez.

En el baño de casa me miraba al espejo desnuda, me abrazaba y al pasar mis manos por mis hombros, mi piel revolucionada invocaba la presencia de sus manos. Necesitaba mi doble ración de adrenalina. Mi cuerpo y mi mente se habían acostumbrado a sentir como fluían a través de mí sangre los asaltos de mis hormonas, cuyos arrebatos me hacían llegar al punto crítico previo a la pérdida de consciencia.

Me distraje en exceso absorta en mis pensamientos de culpabilidad y el tiempo se me echó encima. Me puse el uniforme y salí de la habitación camino de la cocina. Un café rápido y salí atropellada hacía el trabajo. Vi escaparse mí autobús y me tuve que conformar con esperar diez minutos al siguiente mientras un nudo se hacía en mis entrañas. No me sacaba de encima ese miedo interno que me estaba corroyendo por dentro desde el mismo momento que envié aquel estúpido mensaje. Me empecé a mover de un lado a otro en la parada, impaciente por que llegase el puñetero autobús e impaciente también por las consecuencias que me pudiese acarrear mi niñada. Sabía que se iba unos días. ¿Por qué lo hice? ¿Por qué no me comporté? ¿Por qué no fui capaz de esperar? ¿Qué cojones me estaba pasando? ¿Qué le iba a decir? ¿Cómo me iba a justificar? Me quemaba el aire al respirar y los ojos se me estaban humedeciendo por momentos. Abrí el bolso para buscar las gafas de sol y me las puse para ocultar la tristeza que me producía mi congoja interior.

En el bus las mismas caras de siempre carentes de emociones. Advertí en los últimos asientos la presencia de un rostro conocido. Era Astrid, la secretaria de Franc. Tragué saliva para aplacar mi estado de ánimos. Me acerqué a ella para saludarla y sentarme, aprovechando que había un asiento libre a su lado.

—Hola Astrid.
—Hola Mar. ¡Qué casualidad encontrarnos aquí!
—Pues sí. Se me ha escapado el anterior y llego tarde.
—¡Bah! No te preocupes Mar. El jefe esta fuera y no se va a enterar. Además no vuelve hasta dentro de dos días.
—¿Y eso cómo lo sabes?
—Hace medía hora que me ha enviado un mensaje dándome instrucciones.
—¡Ah!

Me descompuse por dentro si aún era posible romperse más. Astrid sabía que volvía en dos días y yo no. Una mezcla de rabia contenida y un nuevo asalto de pánico hacían que me rompiese en mil pedazos. Traté de recomponerme. No podía permitir que asomase mi estado interior a la mirada de nadie y mucho menos de Astrid. Me coloqué una amplia sonrisa como pantalla de protección dispuesta a mantener una conversación intrascendente.

—¿Me has traído el correo?—preguntó Astrid.

—Sí. ¿Lo quieres ahora?

—No. Ahora no. Mejor me lo subes luego y nos tomamos un café juntas.

—Me parece muy buena idea. Hace tiempo que no lo hacemos.

—Es verdad—dijo Astrid—, desde que esta Franc nos tiene a todos como locos.

—Es lógico. El astillero ha arrancado con mucha fuerza —dije para rellenar el silencio.

Cuando nos bajamos del bus empecé a meditar sobre lo que me había dicho Astrid. Que subiese a tomar un café con ella. Sí que lo habíamos hecho alguna vez pero en esta ocasión y para subirle el correo de Franc. Pensé que quizás tuviera la intención de sondearme o puede que tan solo fuese que estaba aburrida y necesitaba un rato de tertulia. Por si acaso me preparé mentalmente para estar en guardia.

Saludé a Sara al entrar. No sabía cómo se lo organizaba pero siempre llegaba antes que yo.

—Lo siento Sara, se me ha escapado el autobús.

—Tranquila no pasa nada.

—Me he encontrado con Astrid en el bus. Hemos quedado luego para tomar un café juntas arriba.

—Vale, avísame cuando vayas a ir.

Me senté en mi mesa para abrir el ordenador mientras removía el azúcar del café americano que me acababa de hacer en la máquina. Tardaba en cargarse y abrirse la pantalla de inicio. Tuve la sensación de volver a mi estado de ostracismo. Se me hizo eterno ese momento. Me invadió el tedio durante la espera. Empecé a ser consciente que las esperas eran incompatibles conmigo a la vez que me daba cuenta que me iba a tocar una buena temporada de eternas esperas.

Por fin se había iniciado el condenado ordenador. Cuando conectó con el servidor me salió el aviso en una ventana emergente y el anunció que tenía un correo en la bandeja de entrada. El corazón me dio un vuelco. El nudo que tenía en el estómago se me hizo más grande pero esta vez por la sorpresa y la inquietud de saber el contenido de su mensaje. Un viaje de ida y vuelta con mis emociones, de estar abatida y cabizbaja a estar en otro estado, más contenta. Antes de abrir el mensaje, me di unos segundos más para reflexionar, ya había actuado una vez de forma inconsciente e impulsiva, no lo podía repetir. También me tome esos segundos para no crearme falsas esperanzas ni expectativas erróneas y asumir mi rol. Me lo repetí para mí misma. Yo solo soy su alumna. Eso es lo que acordamos y… déjate de reflexiones y abre el puto correo, me dije dándome una colleja en forma figurada.

DE: sirfranc@hotmail.com
A: mar37_@gmail.com
Asunto: "Llego en dos días. Prepárate"

Noté como subía el calor a mis mejillas. Hubiera necesitado en ese momento una bolsa de cubitos de hielo para parar ese calor y el rubor que se me había instalado en la cara. A ver. Mar tranquilízate, me dije entre mil pensamientos y mil imágenes que de golpe se apelotonaban en mi cabeza. Una frase y ya me había pasado lo que precisamente no quería que me pasara. Mucho prepararme para al final caer en mis propias trampas, las de mi inconsciente. Las mismas trampas que me llevaron a cometer la imprudencia de enviarle un mensaje. Las mismas que algún día van a ser mi perdición. Realmente el mensaje no daba para mucho. ¿O si?

De la primera frase no cabía más que saber contar dos días. Uno y dos. Dos. En dos días lo tendría aquí. No iba a elucubrar más sobre ello. Pero… ¡ay la segunda! La segunda sí que tenía enjundia. Una frase con una sola palabra y en imperativo. ¡Prepárate! Me vino a la mente otra de mis estupideces que parecía que le podía ir al pelo ¡Prepárate! "Para lo bueno y lo malo" "en la salud y en la enfermedad" ¡Prepárate! Sí, me preparo, pero… ¿Para qué? ¿Para disfrutarlo? ¿Para disfrutarme? ¿Para castigarme o reñirme? ¿Para… Sara me saco de mis pensamientos.

—Mar ¿Has recibido un correo de Franc?
—Sí… ¿Por?
—Pues ya sabes, ¡Prepárate! Creo que nos lo ha enviado a todos.

En aquel mismo instante me quise fundir como un cubito de hielo bajo los efectos del calor y licuarme. Ilusa de mí creyéndome el centro de su mundo. Por un momento su mensaje me hizo creer que era solo para mí. Si no es por Sara me hubiera pasado dos días dándole vueltas al mensaje, elucubrando.

Cuando subí a llevarle el correo de Franc a Astrid, lo primero que me dijo fue ¡Prepárate! Esa muletilla me reconcomía por dentro. Casi que pensé que se habían puesto todos de acuerdo para joderme. Suerte que nadie sabía nada de nuestra relación con lo que descarté esa posibilidad.

  —¿Y Tú? ¿ ya estas preparada? —le dije a ella
  —Sabes Mar, creo que viene cargado de trabajo pero aún no se nada. Solo es una sensación.
  —Como muy bien dice el mensaje, llega en dos días. Así que vamos a aprovechar que aún nos quedan dos días de tranquilidad —dije con convicción.

Me quedé de pie con el vaso de café entre mis manos, frente a una de las ventanas de la tercera planta, mirando al infinito. Tomándome un respiro mientras mi mente repetía como un disco rayado… Dos días. Dos días. Dos días.

Capítulo 9

Amanecimos a las nueve de la mañana hora local. La entrada de la luz solar por los grandes ventanales de aquella habitación nos hizo abrir un ojo. Miré a Marta y ella a mí.

—¿Estás bien?—me preguntó

—Me pesa la cabeza. Creo que ayer me excedí. Bebí más de la cuenta.

—Estaba pensando lo mismo —dijo Marta. Yo también me pasé y muchos pueblos. Tengo la sensación que la pille gorda.

—A ver si con una ducha se me pasa —dije dirigiéndome al baño.

—Franc espera un momento. ¿Fuiste tú el que ayer me azotó y me folló poseyéndome como un salvaje?

—¡Ah! Es un secreto y no te lo puedo decir.

—Así que nunca lo sabré ¿Verdad?

—Puede que si o puede que no.

—Pues cuando te encuentres con el que estuvo ayer conmigo le dices de mi parte que me gustó mucho y que quiero repetir.

—Ya se lo diré cuando lo vea pero para repetir tendrás que volver a Moscú, si no veo muy difícil poder repetirlo.

Me fui a la ducha dejándola con la duda. No sabía si me estaba tomando el pelo, se hacía la despistada o simplemente los efectos del alcohol la tenían confundida. Me centré en conseguir sacarme aquella pesadez ayudándome con el agua caliente acariciándome al caer desde la cabeza, pasando por las cervicales, dorsales y lumbares. Así estuve unos minutos hasta que alcancé una sensación de bienestar. Cuando lo consideré oportuno cerré el grifo y salí. Había unos albornoces blancos en un estante. Cogí uno y me enfundé con él. Su textura aterciopelada y su aroma me hicieron recordar mi niñez cuando mi madre me abrazaba con mi albornoz puesto para que no cogiese frio.

Marta seguía en la cama refunfuñando por tener que levantarse. Suerte que en nuestra ruta turística de hoy íbamos con Dimitri y no con un tour operator con guía local de los que van a toque de silbato. Mientras me vestí ella seguía retozando entre las sábanas. En uno de sus giros asomó uno de sus pezones mostrándome su estado por el roce. Habían adquirido un aspecto prominente adivinándose su dureza al tacto. Levanté la sábana y advertí que estaba desnuda. Estiré de ella para dejarla al descubierto y le di un cachete en las nalgas para ponerla en marcha.

—Te espero abajo. No tardes.
—No tardaré. Ya has hecho lo más difícil que era hacerme levantar. Ahora es cuestión de minutos.

Pensé que eso de minutos era una falacia. No le di más importancia y salí de la habitación en busca de Dimitri.

Recorrí el pasillo y baje las escaleras. Escuché de música de fondo a Dimitri manteniendo una conversación. Me fui acercando hasta encontrarlo. Estaba en la biblioteca. Aposentado en un sillón orejero con una pierna colgando del reposabrazos y la otra en el suelo, con su pie jugueteando con la zapatilla, la cabeza recostada en un lateral, apoyando su codo en el otro reposabrazos y hablando por teléfono. En ruso, obviamente. Aún llevaba el pijama puesto. Me puse delante de él, en plan guasa, con los brazos cruzados señalándole el reloj para apremiarle. Me hizo un gesto con la mano para que me lo tomase con calma, como frenándome, vamos que no había prisa. Ese detalle ya lo tuve claro al ver su indumentaria. Me hizo un gesto con su índice, como despachándome en dirección al comedor así que me fui siguiendo la ruta marcada por su dedo.

Un nutrido desayuno estaba servido en el buffet dispuesto a ser saboreado. La verdad es que después del poso que había en mi estómago le iba a ir de perlas que lo llenase un poco. Me encontré una batería de recipientes metálicos con tapa perfectamente alineados y a los que se la fui levantando para mirar sus contenidos. En una aparecieron unos huevos fritos recién hechos. En otra unas tiras de bacón. En la tercera unos pimientos verdes. Abrí otra y para sorpresa mía la repetición de las excelentes croquetas de la noche anterior. Una tetera, una cafetera y una lechera. Al lado los bollos de pan y las tostadas con unas tarrinas de mermeladas de mil gustos y miel. En mi mente me estaba frotando las manos cuando escuche a Marta llamarme. Salí del comedor a su encuentro. Pase por delante de Dimitri que seguía departiendo con su interlocutor. La cogí de la mano para que me siguiese y tal como llegamos le fui abriendo las tapas una a una. Cuando vio las croquetas se relamió ostensiblemente. Cogimos dos platos para servirnos cuando apareció Dimitri con una sonrisa de oreja a oreja. Me cogió amigablemente del brazo para que le acompañase y se me llevó de aquel suculento desayuno dejando a Marta sola.

—Tranquila ahora regresamos y desayunamos juntos. Franc eres mi talismán —Mientras salíamos del comedor, me pasó el brazo por encima de los hombros— Estaba hablando con Vladimir.
—¿Y? —pregunté

Salimos al jardín y cerró la puerta. Su sonrisa solo era una muestra de satisfacción y triunfo. Lo vi venir. Era inconfundible en él. Ya lo había visto así en muchas ocasiones. La última vez que fui testigo de ello fue cuando estaba negociando la compra del astillero con el Sr. Durán. La respuesta a mi pregunta vino cargada de veneno.

—Franc ¿Cuántas niñas somos capaces de hacer?
—Pues no lo sé. Aún no tenemos la nueva instalación en funcionamiento. No tenemos los equipos de trabajo. Nunca antes habíamos construido niñas. No puedo aventurarme a decirte ni tan siquiera plazos de entrega.
—Ya. No te he preguntado cuando se van a poder entregar, sino que cuantas somos capaces de construir…
—En el supuesto que tengamos las instalaciones en marcha, un buen equipo y los suministros de los materiales, podríamos construir muchas, no sé. Terminar unas y empezar otras.
—Muy bien —dijo Dimitri—Estamos en esa situación. Un primer pedido de tres y una vez terminadas ya podemos iniciar otras tres y

así sucesivamente.

–En ese caso, habrá que organizar tres equipos de trabajo para poder hacer turnos y producir durante las 24 horas del día.

–Sé que serás capaz de ello –dijo Dimitri.

–Lo primero será poner en marcha la instalación y un primer equipo. Y ahora vamos a desayunar que ya tengo hambre.

–Si. Si. Vamos. No somos unos caballeros dejando a Marta sola.

–Pues ha sido culpa tuya –le dije–porque yo ya estaba con ella.

Se sonrió mientras volvíamos al comedor dispuestos a dar nutrida cuenta del fastuoso desayuno. Lo sentí feliz y contento, una persona satisfecha de su destino. En mi fuero interno me felicitaba por haber aceptado su propuesta, dejar mi despacho y trabajar para él. La sensación de estar en un equipo ganador daba mucha tranquilidad en la vida.

***

Un coche negro con los cristales tintados estaba esperando en la puerta principal. Mi reloj marcaba las once. Un armario de hombre hacía las veces de chofer. Me extraño que solo fuésemos los tres. Le pregunté a Dimitri por Irina. Nos dijo que tenía tareas pendientes y que no podía venir con nosotros esa mañana. El coche inició su marcha en dirección al centro de la ciudad. Durante el trayecto nos fue ofreciendo cumplidas explicaciones de la capital. Detalles de su historia, sus protagonistas y los hechos que han hecho que Moscú se haya convertido en una gran urbe. Los accesos de entrada eran rápidos. Todo y con ello estuvimos cuarenta minutos viendo pasar por la ventanilla interminables calles, avenidas, coches y personas. Ambientes desconocidos y chocantes. Las fotos que había visto de Moscú no hacían honor a su grandeza.

Como habíamos salido muy tarde y estábamos saciados con el desayuno Dimitri propuso no parar a comer.

Iniciamos el camino de regreso ya algo exhaustos. Al llegar a su mansión nos estaba esperando Irina, momento que aprovechó Dimitri para hacer que Marta se quedase con ella a tomar una copa en el salón mientras me pidió que le siguiese.

—Mañana os acompañaré al aeropuerto. Me tendréis que disculpar pero no voy a poder viajar con vosotros, tengo asuntos que resolver aquí. He recibido un mensaje del comandante. Me decía que tenemos permiso para pista de despegue a las diez de la mañana. Saldremos sobre las ocho con tiempo suficiente para no tener ningún percance. Si hay que esperar nos esperamos en el hangar. Tenemos que coger los planos de la caja de seguridad y sobre todo cuando llegues que te vaya a buscar Charly. Quiero que tomes todas las medidas necesarias para custodiar bien los planos. Recuerda que no tenemos copias y quedaríamos muy mal si los extraviamos.

—O peor si nos los roban.—le dije.

—A eso mismo me quería referir.

—No nos preocupemos por eso. Cuando esté en vuelo enviaré un mensaje a Astrid para que envíe a Charly a recogernos.

—Franc en tus manos me encomiendo.

—Dimitri no seas exagerado. Esto va a salir como todo, bien.

—Ven. Te voy a enseñar algo que quiero que conozcas.

—¿Qué es?

—Es algo lúdico. Acompáñame por favor.

Subimos a la primera planta. Al llegar arriba se giró sobre sí mismo para mostrarme sus dientes a través de una de sus sonrisas socarronas que dibujó en sus labios. Sonriente, su cuerpo se transformaba por momentos.

—Ven. Te quiero enseñar mi habitación secreta.

—¿Tienes otra habitación secreta? Creí que te referías a la que vi ayer en la planta baja.

—Esta es diferente. Aquí no guardo tesoros. Solo es la puerta de entrada a un mundo lleno de fantasía y realidades a la vez. ¿Recuerdas el club privado donde te llevé?

—Sí. Lo recuerdo.

Recorrimos el pasillo de la primera planta hasta el final. Detrás de unos cortinajes tupidos, que apartó, se escondía una puerta. La decoración del estampado y los colores de aquellos cortinajes me hizo recordar en imágenes el primer día que fui al Templo de los Devotos del Potro con Mar.

—Ven. Entra.

Cuando encendió la luz me di cuenta de lo que pretendía. Dimitri no cejaba en intentar mostrarme su cara oculta, su otra versión, su faceta más oscura. La que ya sospechaba. Habían sido demasiadas pistas como para no verlo. Dimitri y yo éramos iguales en nuestras oscuridades. La única diferencia es que él me lo mostraba y yo se lo ocultaba.

Me encontré en una habitación sin ventanas. Mis pisadas sonaban a hueco lo que me hizo pensar que la tenía insonorizada. Me llamó mucho la atención el color. El morado de sus paredes le daba un toque de intimidad y secretismo. Un color en sí muy femenino. Era una habitación muy grande, con tres espacios delimitados en la pared del fondo, recreando pequeños recintos, a modo de reservados, con unas mamparas de separación que no llegaban al techo. Supuse que para aprovechar mejor la luz. En cada uno de esos recintos había algo especial. En él del centro una magnifica cruz de San Andrés, se veía que no era una obra de bricolaje como la mía. La había hecho un profesional. En otro de los departamentos me sorprendió ver un confesionario. Cuando lo descubrí, las cejas de Dimitri se arquearon como diciendo… Te estoy sorprendiendo ¡Eh!

—Esta reliquia la compre en una subasta y no sabía dónde ponerla. Así que la hice poner aquí y me está dando mucho juego.
—¿Confiesas a alguien?
—Desde luego que sí. Y según sea su falta le impongo su penitencia, a base de castigos y correctivos.
—La mesa camilla del otro espacio… ¿Para qué es?
—La uso para mis masajes. No hay mejor penitencia para una falta que brindar un buen masaje a tu confesor.

En un lateral un cepo para cabeza, muñecas y tobillos. En el otro lateral como no podía ser menos un reclinatorio. Dimitri sin mediar palabra me iba mostrando cada uno de los elementos de tortura y placer que había en la habitación. Su elocuencia no verbal era significativa. Con sus manos guiaba mi atención para que la centrase en uno u otro lugar. Me mostró una viga de hierro en el techo que para resaltar estaba pintada en color negro. En un extremo de ella pendía una doble polea como las usadas en la navegación naval antigua para el acarreo y traslado de mercancías pesadas. En el otro extremo a través de cuatro perforaciones en la viga pendían cuatro cuerdas.

El contenido de toda la habitación podía dejar sin aliento a un profano. Abrió la tapa de un gran baúl de madera quedando al abrirla como una bandeja. Allí tenía todo tipo de accesorios, guardaba de todo, era como el armario de mi despacho pero con muchos más elementos. Colgado de una pared vi algo raro, había un dispensador. Le pregunté por el sentido que tenía un dispensador de jabón allí en medio. Otra sonrisa esta vez de burla se instaló en sus labios. Es para el lubricante, respondió.

Ya no sabía que decir así que seguí mirándolo todo. En el espacio central un potro a semejanza del que usé con Mar. Apoyé mis manos sobre él mientras mi cabeza miraba a un lado y otro de aquella habitación y luego a Dimitri.

–Hace tiempo que se quién eres y lo que haces. Siempre he considerado que eso pertenecía a tu vida privada en la que nunca he entrado ni cuando era tu abogado ni con la nueva ocupación que me has asignado. ¿Por qué me enseñas esta habitación ahora?
–Quiero hacerte ver que no quiero tener secretos contigo. Te estoy mostrando todo, incluso lo más íntimo. Aquí es donde disfruto y hago realidad mis otras fantasías. Franc, eres mi amigo y mi mano derecha, no tengo ninguna reserva. Aunque sé que tu si las tienes conmigo y lo entiendo. Pero yo también se quien habita dentro de ti. Y sino lo has dejado salir todavía, saldrá pronto.

Seguí mirando. Diría más que mirar, chafardeando hasta el extremo. Un deseo me asaltó. Quiero una mazmorra similar a esta, colores y formas me habían encaprichado. Tomé nota de muchas ideas, por un lado para hacer que pintasen mi antiguo despacho, y por otra encargar a un buen profesional los trabajos de carpintería. Dimitri me pilló por sorpresa de nuevo...

–Franc, te dejaré un maletín en esta habitación, es un regalo, seguro que te será de utilidad esta noche, yo dormiré abajo, así me evitaré escucharte hablar por los pasillos en inglés.

Capítulo 10

Me llevó caminando por el pasillo. Mis manos sujetas por su mano en mí espalda. Creí que íbamos a nuestra habitación pero la pasamos de largo. Me dijo que me tenía preparada una sorpresa, una fiesta de despedida de Moscú y que era una oportunidad única. Unos metros más adelante me hizo parar delante de unos cortinajes de una tela muy robusta en color granate, que separó, quedando al descubierto la puerta que había tras de ellos. La abrió y encendió la luz. ¡Qué sorpresa! Aquella habitación parecía un parque temático, "The sex atraction". Me sonreí por dentro pensando que me acaba de colar sin pagar la entrada. Derecha, erguida y con mis manos a la espalda esperando, oteé todo lo que había allí. Tres cosas me llamaban la atención, el confesionario, la camilla y una especie de cruz en forma de X.

Me puso una braga de cuello en la cabeza, desde mi frente hasta la nariz, para privarme de la visión. Me dejo un rato esperando y me dijo que él se iba a la habitación y que ahora vendría quien yo esperaba para mi despedida. Dio unos pasos hacia el pasillo. Le escuché hablar con alguien en inglés, intuí con quien. Se despidió de ese alguien al tiempo que escuche el ruido de la puerta de nuestra habitación abrirse y cerrarse. Me vino a la mente un pensamiento en forma de pregunta ¿Cómo debería llamar a ese alguien? ¿Amo o Señor?

Él apoyó una mano sobre mi espalda para hacer notar su presencia tras de mí, en el mismo instante que cerró la puerta. Bajó su mano recorriendo toda la espalda hasta llegar a mis nalgas por donde me empujó. Caminé a pies juntillas dando pequeños pasitos para no tropezarme con el potro que había visto situado en el centro de la sala. Intuí que me había quedado parada frente a él a la espera de acontecimientos. El momento era tenso, daban cuenta de ellos mis piernas que amenazaban con desestabilizarme. Todo en el más estricto silencio. Me moví un poco balanceándome sobre mis tobillos y note ese potro estático, apoyándose en mi pelvis. Me apoyé en él. La misma mano que me había empujado por el culo me cogió por la nuca y me hizo doblar mi cuerpo forzándolo hacia delante. Sentí como mi cuerpo era recostado en el potro manteniendo mis pies apoyados en el suelo.

Tal y como me iba guiando con sus manos yo obedecía y como no podía ver opte por cerrar los ojos. Una sensación de indefensión me asaltó, intenté mover mi cabeza, cuando recibí una primera palmada en las nalgas mientras unos dedos clavados en mi espalda me retenían, lo que me dio a pensar que era una señal dentro de ese lenguaje del silencio para marcarme lo que podía o no podía hacer.

Una de sus manos, levantó mi falda para anudarla a mi cintura y supuse que con la misma mano me arrancó las bragas. ¡Que bestia! Pensé. Su otra mano embadurnada con un líquido frio y viscoso me acarició un glúteo. Pronto esa mano empezó a sondear mis cavidades. Separé un poco mis pies para facilitarle el camino cuando me cayó una segunda palmada esta vez más fuerte. Tenía razón no me había indicado que me moviese.

Horadó mis labios exteriores haciéndose hueco y me penetró. Ese líquido viscoso no era otra cosa que un lubricante con el que se facilitó perforar mi coño. Cada vez que sus nudillos pasaban por mi clítoris al girar su mano, me encendía. Cuando empezaba a sentir el deseo de estremecerme a flor de piel, se salió de mí para indagar en otras profundidades. Estaba tan excitada que la sensación que me causó su dedo cuando lo introdujo en mi ano fue tremenda. Nunca antes había sentido esa experiencia. Nunca nadie me había penetrado por la puerta de atrás. Esa primera incursión de ese dedo me estaba fascinando y me preguntaba que sentiría si en vez de un dedo fuese su polla, follándoselo, desvirgando mi culo, rompiéndomelo para saciar su deseo.

Se salió. Se salió de mí y se paró de golpe dejándome con mi sexo ardiendo y mi cuerpo trémulo anunciaba una serie de espasmos involuntarios.

Empecé a resoplar para contener mi excitación cuando sentí el peso y el tacto frio de una cadena metálica que dejo caer en mi espalda. Con un extremo ató mis muñecas que aún mantenía cruzadas atrás, el sonido metálico y característico del cierre de un candado me hizo comprender que era presa de sus garras. Usó el resto de la larga cadena con la que fue rodeando mi tronco, me dejó atada al potro. El sonido del cierre de cinco candados más me confirmó la situación. Privada de la visión, atada en aquel potro y asegurada la cadena con candados, era obvio que estaba totalmente a disposición de quien fuese el que estaba allí.

Percibí cerca de mis oídos un zumbido que al poco se multiplicó por dos. Zumbidos que poco a poco empecé a sentir a través de mis mejillas y mis sienes. Esos zumbidos eran la reverberación reiterativa de sendos aparatitos a pilas, de los que toda mujer debería tener en el primer cajón de su mesita de noche para emergencias nocturnas. Me movió la cabeza para que la girase y apoyase una de mis mejillas en la superficie del potro. Fue recorriendo toda mi espalda con los dos vibradores, lo que me hizo estremecer. Fue un recorrido lento y sinuoso, que provocaba en la piel una sensación placentera que me estaba colmando. Estuvo un buen rato haciéndome saborear momentos intensos de percepciones cutáneas. De la espalda fue bajando hasta llegar a mis nalgas para más tarde pasearlos por la parte interior de mis muslos. Uno de ellos fue subiendo por mis piernas lentamente hasta que llegó al punto donde ambas piernas se acercan una a la otra. Ahí se detuvo, en la antesala de mi vagina, brindándome otra espera prolongada.

El calor en mi piel me advirtió del tamaño del electrodoméstico recubierto de látex. No tardé en verificarlo. Lo subió unos centímetros más hasta que sentí como la cabeza de aquel instrumento de placer empezó a moverse alrededor de mis labios exteriores. Intuí que se abrían y se separaban, abriéndole la puerta de entrada y pidiendo a voces que entrase a saciar mi incontenible deseo. Milímetro a milímetro fue entrando, sin prisas pero sin pausas, horadándolo, llenándome con aquel fabuloso juguete. Advertí de su tamaño cuando lo alojó por completo dentro de mi coño. Mis paredes lo presionaron para que no escapase. Para disfrutarlo más, el tiempo que me dejase disfrutarlo. Note como lo dejó de sujetar. Paso a ser responsabilidad mía el que no se saliese.

Lo apreté entre mí y eso fue un error. Empecé a convulsionarme y a retorcerme por dentro por el inusitado placer que me estaba proporcionando el aparatito. Estaba a las puertas de un fabuloso orgasmo cuando una vibración rodeó el perfil exterior del ojete de mi ano. Contuve el aliento y me corrí al tiempo que sentí como cedía mi culo y se abría para darle paso entre interminables dilataciones y contracciones. Poco a poco lo entró hasta el fondo de mis entrañas sin encontrar resistencia alguna. Me sorprendí por la facilidad con la que me penetró en ese espacio en el que nunca nadie antes había entrado. La sensación de estar penetrada por los dos orificios me resultaba indescriptible, era algo nuevo para mí. La conjugación de dos vibraciones al mismo tiempo en esos dos espacios de mi cuerpo me estaban llevando a un punto de continuo éxtasis.

Drogada por los flujos de adrenalina que a borbotones recorría todo mi cuerpo y que al llegar a mi cerebro me producían ese calor intenso y característico, que amenazaba con desestabilizarme y desmayarme. Mi respiración acelerada hacía que tomase el aire a bocanadas. Creí que se apartaba de mí para ver cómo me convulsionaba pero no fue así. Se agarró a mi cabellera al tiempo que sujetaba mi nuca para hacerla ir hacia él. No tardé en conocer sus intenciones. Paseó su polla por mis labios para que sintiese la tersura de su piel. Los entreabrí para humedecérsela. Fue él quien arremetió y se coló dentro de mi boca hasta llegar donde quiso. Me invadió una sensación indescriptible, atada con cadenas en aquel potro de tortura, sin poder ver y perforada por todos mis orificios. Nunca antes me había sentido así. Inmovilizada, entregada y usada, con todas mis cavidades ocupadas. No pude resistir el advenimiento de un nuevo orgasmo, me convulsioné de tal forma que me abandoné al deseo, me tragué su polla hasta lo más profundo, hasta que pude sentir en mis labios la rugosidad de la piel de sus huevos.

El muy cabrón no salió de mi boca ni paró los vibradores lo que me hizo entrar en una espiral de placer, que me provocó enlazar, uno tras otro, llevándome a una situación de locura transitoria. Inundada de calor, sudando por todos los poros de mi piel, respirando como me era posible a través de la nariz. Estuve a punto de sucumbir. Al tercer orgasmo de una cadena interminable de ellos, en la que me había instalado, salió de mi boca. Estaba recuperando el aliento cuando paró de golpe los vibradores y los sacó, mi cuerpo convulso intentó recuperarse lentamente del lamentable estado al que había llegado.

Me dio un poco de cancha, el tiempo que anduvo abriendo los candados y deshaciendo la cadena que envolvía todo mi cuerpo. Se lo tomó con calma. Cuando ya me había liberado de todas mis cadenas, me agarró del pelo para estirar de él y hacerme levantar del potro. Me llevó así hasta lo que intuí que era el reclinatorio, donde antes de hacerme arrodillar, me desnudó del todo. Recogió mis manos cogiéndolas por mis muñecas para atarme nuevamente en el apoyabrazos de aquel mueble de culto. Creí llegado el momento de poder saborear esa polla como a mí me gustaba. Con tranquilidad y sosiego. Relamiendo todos los recovecos lentamente y si cabe verle la cara, para poder disfrutar, viendo como sus ojos se quedan en blanco y sentir como lo tengo en mi poder aunque solo fuese en ese instante.

El silencio se alteró por un ruido metálico. De nuevo su mano sobre mi cabeza. Me acarició. Sentí el calor que desprendía. Agarró la braga y me liberó de ella. ¡Sorpresa! La luz volvió a mis ojos. Con parpadeos se fueron acostumbrando, poco a poco, en ese periplo que va de la oscuridad a la luz. Él tras de mí. Frente al reclinatorio donde me tenía arrodillada, la camilla. Esa imagen me empezó a alterar, tanto, que no me preocupé de conocer quién era él. ¡Dios! Era una camilla como la que usa mi ginecólogo con reposapiernas y estribos. Mi mente experimentó un retroceso haciéndome sentir en el borde del abismo. Hubiera preferido que no me sacase la braga de la cabeza para no ver, aunque él tenía claro que me la sacó precisamente para eso, para ver e intuir lo que iba a suceder, para ponerme en una tesitura incómoda, para hacer que mi mente elaborase un presupuesto de lo que podía hacerme. Me agarró por la nuca de nuevo con una de sus manos mientras con la otra desataba mis muñecas del reposabrazos del reclinatorio. Me hizo levantar. Empecé a verme perdida, encaminada a un patíbulo cierto en el que en breves minutos me iba a colocar sin poder rechistar.

Me hizo sentar en la camilla y entonces le vi la cara. ¡Franc! ¡Eres tú! Me mandó callar y me recordó que fui yo quien tentó la suerte al final de la cena. Fui yo quien provocó esta situación. Fui yo quien preguntó bromeando con sorna y guasa, si quería hacerme su perrita. Después de hacer ese extenso memorándum beso mis labios mientras con sus manos empujó de mis caderas hasta tener mi espalda tocando el respaldo de la camilla que para más recochineo estaba levantado.

Apartó sus labios de los míos para tomar una de mis piernas y pasarla por el reposapiernas y meter el pie en el estribo. Hizo la misma operación con la otra pierna. Pasó mis manos hacía atrás del respaldo y las anudó por mis muñecas. Empezaba a sentirme incómoda. Cogió un rollo de precinto y precintó mis piernas a los estribos dejándome totalmente inmovilizada. Para rematar el asunto pasó el precinto por mi vientre y dejó mi cuerpo adosado al respaldo. Me invadió una sensación extraña, nunca antes había estado así de expuesta delante de Franc, un halo de temor se alojó en mi ánimo, me tenía a su total disposición para hacer de mi lo que se le antojase.

Se sentó en un taburete frente a mí y se quedó mirándome. Observándome como si fuese un espectador viendo como un torturador prepara a la víctima para obtener una confesión. Solo hubiera faltado un foco alumbrando directamente a mis ojos y unas pinzas de párpados para sujetarlos y mantenérmelos abiertos. Una escena digna para que Stanley Kubrick la hubiera podido incorporar en su naranja mecánica.

—¿Y te vas a quedar ahí toda la noche? le dije.

Me la gane y bien ganada. Él estaba en su derecho a hacer cuanto le diese la gana yo había dado paso a ello la noche del día anterior. Se levantó del taburete y se acercó con algo en sus manos que no distinguí en un primer momento. Me lo ocultaba para no mostrármelo. Sus manos vinieron a mi boca para colocarme una mordaza de goma, que anudó en mi nuca, para que no la pudiese escupir. Así te estarás calladita. Fue lo que dijo mientras cogía un látigo pequeño de múltiples filamentos entre sus manos. Primero lo paseo por mi cuello y fue descendiendo, acariciando todo mi cuerpo con él. Empezó con un azote que cayó directamente en mis tetas para luego seguir con el castigo azotando todo mi cuerpo. Mordí el bocado mientras descargaba su ira. En la posición que me tenía no podía hacer nada salvo recibir mi merecido castigo por mi atrevimiento. Cuando dejó de azotar mis tetas fue peor. Se centró en la parte interior de mis muslos, monopolizando sus latigazos. Me vi perdida. Tenía el cuerpo ardiendo por sus azotes y ahora llegaba ahí con total impunidad. La sangre se arremolinaba por todo mi cuerpo revolucionado, intentando cubrir todas las zonas afectadas, lo que me producía un intenso calor. Mi mente perdida sucumbiendo, navegando entre el miedo y un incierto rumbo hacía el placer. Los azotes pasaban de un muslo al otro, sin un aviso previo. Una secuencia de la que me empecé a acostumbrar hasta que cambió. Primero fue el roce de unos filamentos para más tarde acometer de forma directa mi pobre coñito. Aquellos flecos fueron cayendo una vez tras otra sobre mí entrepiernas provocándome sensaciones dispares, mezcla de dolor y placer. Resultaba indescriptible las reacciones de mi cuerpo cuando alguno de sus filamentos lograban alcanzar mi clítoris de lleno. Mi piel estaba ardiendo por completo cuando paró con los ataques de aquel látigo que había usado. Se apartó para coger de un maletín un bote metálico que desprecintó y abrió. Cogió un encendedor y prendió fuego a la mecha. Era una vela aromática que pronto inundó con su agradable perfume toda la habitación. La puso a un palmo de mis narices, supuse yo que era para que la oliese. Lejos de mis pensamientos. Giró su muñeca derramando una cantidad importante de la cera en forma líquida que se había acumulado. Cayó directamente entre mis tetas por el canalillo. La primera sensación fue de espanto. Creí que me iba a quemar y me asusté. Cuando pasó su mano para extender el fluido me di cuenta que no era cera propiamente sino que parecía más un compuesto de parafina con un aroma a plátano muy agradable. Bajo su mano y situó el bote cerca de mi vientre. Giró de nuevo su muñeca provocando una cascada en mi cuerpo. El líquido fue ribeteando mi barriga y bordeando mi coñito. Me embadurno toda. Cuando lo extendió con su mano tuvo el acierto de acariciar mi clítoris lo que me hizo dar una bocana de aire al tiempo que mi mente experimentaba un respingo imaginario ya que me era del todo imposible moverme.

Me dejó de nuevo en ese estado y se sentó en su taburete a observar. Solo le faltó sacarme una foto en aquella tesitura para sacarme en la portada de alguna revista especializada. Tuvo la mala leche de sacar un cigarro y encendérselo mientras me tenía inmovilizada. Vi como saboreaba cada calada de aquel cigarrillo mientras su mirada enturbiada se dirigía a mí saboreando el momento y tanteando en su mente su próxima acción.

Por fin se levantó. Se calzó unos guantes de látex blancos y se fue directo al dispensador de lubricante. Se aplicó una buena dosis. Se volvió hacia mí frotándose las manos para repartirlo. En ese instante intuí el alcance de sus pretensiones. Ni mis peores pensamientos se acercaron a la realidad cuando sus primeros dedos entraron por mi vagina. Sus movimientos circulares fueron haciendo camino y empecé a dilatar. Una mezcla de miedo y deseo se apoderó de mí cuando noté como entraba su puño entero. En un primer momento se quedó parado. La mezcla de dolor y placer vino acompañando a los movimientos de su mano. Hurgando en mi interior. No me creía lo que estaba sucediendo y miré su mano para asegurarme. Solo vi su muñeca. Su mano estaba desaparecida dentro de mi coño, que empezaba a reventar de placer, una vez superada la primera etapa de dolor. Empezaron mis convulsiones cuando su boca vino a parar a uno de mis pezones, que cogió entre sus dientes y lo mordió. Más que morder, lo masticó. Eso me frenó unos segundos pero me reinicié como un pc. La noche se estaba llenando de muchas sorpresas a cual más atrevida. Mi punto de ebullición en su límite, resoplando como me era posible a través del bocado que alojó en mi boca. De pronto y en una maniobra rápida se salió de mi coñito dejándome en las puertas de lo que prometía iba a ser el mejor orgasmo de toda mi vida.

Se volvió a su taburete, se encendió otro cigarrillo mientras me decía que una puta como yo debía aprender a contener sus orgasmos y solo tenía que entregarlos cuando me los pidiese. Un halo de rabia me entró por dejarme a punto de estallar. Comprendí su exigencia. Orgasmos bajo demanda.

Cuando terminó de fumar yo ya me había relajado un poco. Durante esos minutos tuve mi mente perdida mientras recuperaba el aliento. Esa noche estaba entrando en un mundo nuevo de la mano de Franc. Esa extraña combinación de dolor y placer me había impactado mucho y luego el estar expuesta de la forma en la que estaba, totalmente inmovilizada. Tenía en el suelo un maletín abierto en el que andaba rebuscando algo. Para mi ese era el maletín de las sorpresas. Por fin parecía que había encontrado el objeto de su búsqueda. Sino es porque es Franc habría pensado que me quería cortar a trocitos con la navaja que había cogido del maletín. Me causó mucha impresión ver como la abría mientras no dejaba de mirarme fijamente a los ojos. Se acercó mostrándome el filo. Hubiera podido cortarme el cuello con total impunidad y sin la más mínima resistencia. Paseó la hoja de la navaja por mi cuerpo, jugueteando con mis pezones que por el efecto del frio metal y la situación, se habían puesto erectos y duros.

Primero cortó el precinto que me había puesto en el vientre y de un tirón me lo arrancó. Una sensación de estar acercándome a mi libertad de movimientos me sobrevino al escuchar ese sonido peculiar al despegarse de mi cuerpo la cinta de precinto. Hizo lo mismo con los precintos que tenían sujetas mis piernas en aquellos infernales estribos. Aún no podía moverme pues mis manos seguían atadas detrás del respaldo, tampoco quise moverme hasta que no me diese la orden de hacerlo. Soltó las ataduras de mis muñecas y las acompañó hasta depositarlas sobre mi vientre. Instintivamente moví mis manos para acariciar mis senos, como si me hubiese poseído la necesidad de protección y me abracé. Empecé a desentumecer mi cuerpo, cuando me liberó, con cierta parsimonia, de los estribos bajando mis piernas, una a una, del reposapiernas.

Me pidió que me quedase sentada hasta recuperar mis músculos cuando desapareció de mi vista al pasarse al compartimento de al lado. Le escuché como manipulaba algo lo que me hizo pensar en sus siguientes movimientos. Estaba cambiando de sitio el taburete y el maletín de las sorpresas. Todo poniéndolo frente a la cruz en forma de X. Sin sacarme el bocado me hizo levantar de la camilla. Me abracé a su cuello cuando puse los pies en el suelo, mi lamentable estado por el tiempo que había permanecido en el potro y luego en la camilla me tenía con las piernas con una tremenda flojedad. No tuvo piedad de mi situación. Me soltó de su cuello para hacerme caminar, se puso detrás de mí y sujetándome por mis tetas me hizo andar. Me llevó hasta la cruz. Allí me tuvo unos segundos contemplándola. Había encendido unos cirios que proporcionaban al recinto un halo de misterio. Me fue acercando a la cruz empujándome con su pelvis. Sentí el bulto de su polla contra mi culo en el momento que llegué. Me dejó de cara a la pared. A cuatro dedos de la cruz, el aroma de la madera penetraba por mis orificios nasales descubriéndome su perfume. Se agacho para colocarme los grilletes en los tobillos y asegurar los cierres. Cuando se incorporó, paso sus manos recubiertas aun por los guantes de látex, por mi piel, recorriéndola desde los tobillos, pasando por mis muslos y llegando a las caderas. Tomó de nuevo mis muñecas para levantármelas. Una a una les fue colocando los otros grilletes. Me volvió a dejar en espera. Se apartó de mí dejándome atada en aquel nuevo elemento de tortura. Como no podía ver me tuve que guiar por mi oído.

Lo escuche sentarse en el taburete y remover el contenido del maletín. El sonido característico del pulsador del expendedor, resonó tres veces. Volvió a mí frotándose las manos y se puso a mi lado. Me miro, sus ojos resplandecían por el inconfundible efecto de sus hormonas. Un "no me mires insolente", me hizo bajar la mirada instintivamente.

Sus manos se volvieron a apoderar de mi cuerpo. Con la primera acertó a pillar mi botoncito entre sus dedos, con el que fue jugueteando, haciendo que se le escapase para volverlo a retomar. Anduvo un rato con sus juegos digitales contra mi clítoris, enaltecido y ardiendo por el deseo de volver a convulsionarme y abandonarme al placer. Un coctel de adrenalina envenenada me llegó, atravesando la base de mi cabeza por mi flujo sanguíneo, el calor me invadió otra vez y los temblores empezaron a apoderarse de mí. En ese estado pre coital uso su otra mano para penetrar mi culito. Hundió sus dedos en las profundidades del abismo. Eso me puso a mil, acercó su boca a mi oreja para susurrarme en el oído la orden que mi instinto me decía que ya no iba a poder esperar más en recibirla. "Córrete puta y dame lo que es mío" Obedecí al instante. Como no podía ser de otra forma. Mi deseo fue su deseo y mi orgasmo fue suyo. Y mío. Me dejo aun palpitando cuando sus dedos salieron de mis orificios. Se apartó y se puso a mi espalda cuando estaba dejando salir mis últimos resoplidos por el placer que me había proporcionado sus últimas acciones.

El sonido metálico de una cadena me puso en alerta. Pasé del abandono de mi cuerpo a un estado de alerta en una fracción de segundo. Pasó lo que pasó. Sin esperármelo aplicó unas pinzas metálicas sobre mis pezones, aprisionándolos para no dejarlos escapar, sentí una tremenda presión sobre ellos. Las dos pinzas de mis pezones estaban unidas entre sí por una cadena de la que caían hacía abajo otro juego de pinzas las cuales vinieron a golpear mi pobre coñito al dejarlas caer. Aplicó las otras dos pinzas a los labios exteriores de mi vagina, con tal acierto que sentía el frio del metal bordeando el clítoris.

Se separó de nuevo dejándome en esa tesitura. Sujeta por los grilletes, con cuatro pinzas metálicas en las partes más sensibles de mi cuerpo, el bocado aun dentro de mi boca y babeando por las comisuras de mis labios. Volvió para separar mis nalgas y colocarme dentro del ojete lo que el vino en llamar la colita de su perrita. Un dildo con un fleco en forma de cola. ¿No querías que te hiciese mi perrita? –dijo–. Escuché el ruido de una fusta chocando con su mano. Anduvo unos instantes calculando su fuerza y el impacto de la fusta sobre su piel. No tardé en sentir el primer azote sobre mis nalgas, para luego seguir uno tras otro, a un lado y al otro, poniendo mi piel al rojo vivo. Cuando llegó al número diez se paró. Mientras me recuperaba aprovechó para pasarme algo por el cuello que ajustó con una hebilla. Era un collar. Un collar de perrita. De su perrita. En él enganchó una cadena que al final tenía una abrazadera.

Soltó por fin el nudo de mi nuca y se desprendió la sujeción del bocado. Me lo sacó él de la boca. Mis mandíbulas resentidas y entumecidas pudieron volver a su posición natural. Se apresuró a soltar mis dos muñecas de sus grilletes para seguidamente sacarme los que aún me mantenían sujeta por mis tobillos. Por fin libre, pensé. Me hizo arrodillar y ponerme como una perrita, a cuatro patas. Cogió la abrazadera de la cadena y tiró de ella para forzarme a caminar. Caminar como la perrita en la que me había convertido. Me seguían aprisionando las pinzas y el bamboleo de las cadenas tiraban de ellas provocándome dolor e incomodidad. Pensé que solo serían cuatro pasos. Me equivoqué de nuevo. Recogió el maletín de las sorpresas y me llevó hasta la puerta que abrió. Me vi perdida. Me iba a hacer salir de la habitación. Del recinto de seguridad que para mí se había convertido aquella sala. Salió y yo detrás siguiéndole los pasos, él de pie, yo a cuatro patas desnuda, con la cabeza agachada, mi melena rozando el suelo y con la colita bamboleándose de un lado a otro. Me hizo sentarme para poder cerrar la luz y la puerta. Reiniciamos el corto trayecto que había de una habitación a la otra. Cuando solo faltaba escaso metro y medio, escuche como se abría la puerta de una de las habitaciones. En ese momento me quise morir. Fundir. Desaparecer del mapa. Un intenso calor vino a mi cara ruborizándome. Me asaltó una tremenda vergüenza al pensar que alguien me estaba viendo arrastrándome por el suelo, desnuda, con las pinzas y las cadenas, tratada como una perra. Embargada por la humillación con la cara colorada como un tomate llegamos a la puerta de la habitación donde me volvió a hacer sentar sobre mis tobillos, acarició mi cabeza con su mano y añadió, buena perrita, hoy te has portado muy bien, ahora dentro te daré el premio que mereces por tu buen comportamiento.

Capítulo11

Estábamos viviendo nuestros primeros días en la tranquilidad, sosiego y soledad de la casa y del bosque, al cual acudíamos cada mañana para disfrutar, con la debida prudencia, de un merecido paseo, aprovechando el calor del sol de la mañana. Olvidé los desayunos de la residencia cuando veía a Adela emplearse a fondo en la cocina.

–Ulises esto es para que cojas fuerzas –decía.

No me costó acostumbrarme a los copiosos desayunos que me preparaba, eso sí, sin grasas para evitar el colesterol malo, me decía. Unos días cereales como mis nietos cuando eran pequeños, los zumos de fruta natural siempre, porque me aportaban hidratos de carbono y vitamina C, añadía como retahíla, además los hacía ella misma para que no se perdiesen las cualidades. Tostadas con mermelada y mantequilla o quesos y un poco de embutido de la zona junto con un tazón de leche con café para mi ración de pastillas de la mañana y un vasito de vino para acompañar. Un día a la semana me había prometido saltarnos los protocolos y si me apetecía, me haría un huevo frito con un poco de bacón.

Se sentaba a mi lado y desayunábamos juntos, comentando las noticias que recibíamos a través de una aplicación del teléfono móvil. Casi siempre lo mismo. El descaro de los políticos llenándose los bolsillos, sus comisiones y sus negocios al amparo de su impunidad, trasteando con lo público para su beneficio personal. La noticia de la dimisión del presidente del gobierno por haber inducido a la compra de un arsenal militar y lucrarse personalmente, era la bomba del día. Le pedí que abandonásemos la costumbre de leer noticias. En aquella casa no había televisión precisamente para evitar que se contaminase la paz con sonidos ajenos al entorno.

Aquella mañana estaba debatiéndome con la idea de abandonar la lectura de la novela. Confundido por los sueños que mi imaginación me había inducido por culpa de leerla y ante el dilema entre sentirme vivo o volver a mi estado natural, el estado racional para con mi edad. Ese debate se saldó a favor de olvidarme de la razón y permitir que mi naturaleza tomase sus propias decisiones sin tener que consultar, sin plantearme en cada acontecimiento un debate entre ética y razón.

Era miércoles e Inma se había comprometido a venir por la tarde para emplearse a fondo con mis piernas. Adela se las ingenió para encontrar y organizar un espacio para que Inma pudiese trabajar bien. Me lo enseño y me pidió mi opinión. ¿Qué me iba a parecer a mí? Entre ellas ya se aclararían pensé.

Dispuestos a emprender la ruta de esa mañana salimos de la casa con las botas de montaña y los palos de caminar. Llevábamos tres días de salidas y tanto mis pies como mis piernas estaban respondiendo muy bien. Ni un solo amago de claudicar. Con el apoyo de dos palos me resultaba cómodo y asequible cualquier camino. Hicimos ese día una ruta circular que circunvalaba la finca pasando por parajes que ya no recordaba. Me comentó que ya había dejado la comida medio preparada. Inma le había dicho que llegaría antes de comer para poder hacer su trabajo con mis piernas antes, así la sangre no estaría comprometida con la digestión y fluiría mejor.

En un momento del paseo Adela se explayó. Mostró sus emociones. Su sentir más profundo. Lo que estaba viviendo.

—¡Cómo ha cambiado nuestra vida en pocos días! ¿Verdad Ulises?
—Desde luego que sí. ¡Quién lo diría! Eva estará todavía rabiando.
—No Ulises no. Eva ya no se acuerda de nosotros. Tú dejaste una plaza libre en la residencia y ya tendrá alguno de la lista de espera y a mí me sustituyo rápido y aunque solicité una excedencia, no volveré nunca allí mientras esté ella.

Me quedé pensativo, meditando lo que Adela acababa de comentar. Tenía razón, la vida consiste en eso. Un viaje incierto donde pasan pasajeros con sus equipajes, unos acaban deshaciéndolos y se quedan una temporada y otros pasan de largo. Pasajeros de estancias cortas y de presencia escasa. Pasajeros de la vida. Unos y otros son en algún momento compañeros de viaje. Mi razón me decía que quedaban pocas paradas ya de ese viaje y había que aprovechar hasta el último suspiro.

Un mirlo saltando en mitad del camino acabó sacándome de mis cábalas existencialistas. Le sonreí, ese mirlo junto al resto de la naturaleza también formaban parte del fascinante viaje que es la vida.

Adela se cogió de mi brazo, no tanto para sujetarse ella como para sujetarme a mí. Una piedra bajo mi pie derecho me hizo desestabilizarme un poco. Quizás la asusté.

–Venga Ulises, volvamos ya.
–Tranquila, solo ha sido un traspié.
–Sea lo que sea, estos días estamos forzando mucho la suerte.
–Lo que usted diga señora.

En lo de tratarla de usted fui intencionadamente maligno y lo dije con sorna para que se apercibiese que no había sido nada importante y que no tenía de que preocuparse. Yo era el primero que conocía de mis condiciones físicas y el primer interesado en mantenerme bien. Caminar era la mejor forma de seguir manteniendo un cierto nivel de autonomía. Ejercicio y mantener una actividad intelectual adecuada eran las claves.

Al enfilar el camino que conduce a la masía vimos entrar el coche de Inma en el aparcamiento. Instintivamente ambos miramos nuestros respectivos relojes. Se nos había echado encima el mediodía sin sentirlo. Nos miramos y apresuramos el paso no fuese que Inma al no vernos se marchase.

–Adela ¿Llevas el móvil?
–No ¿Y tú?
–Yo tampoco. Que sea la última vez que salimos sin el móvil ¡Caray! –dije contrariado por el olvido.
–No nos lo podemos olvidar. ¿Y si nos pasa algo por ahí?

—Ahora nos iría bien para avisar a Inma. Venga Adela tu que puedes ir más rápida adelántate.

—Da lo mismo. Llegamos en menos de cinco minutos, seguro que nos espera.

Enseguida llegamos al aparcamiento. Inma esperaba tranquila, sin alterarse por nuestra ausencia, con una bolsa de mano en el suelo y una caja rectangular apoyada en su coche.

—¿Qué? —dijo—¿Dónde se habían metido los señores?

—Ya ves Inma con los pertrechos de caminar. Haciendo ejercicios físicos. Se nos ha ido el tiempo. Siento haberte hecho esperar.

—¿Ejercicios físicos? Vas a saber lo que son ejercicios, prepárate que hoy no voy a tener piedad de ti ni de tus piernas.

Puse cara de circunstancias ante esa amenaza. Miré a Adela que me miró con complacencia como diciendo "ahí te las compongas" así que entramos en la casa. Adela ayudó a Inma con sus cosas y mientras entraban ellas, dejé los palos de caminar colgados en los percheros del recibidor y me senté en el sofá de cáñamo de la entrada para sacarme las botas y ponerme algo más cómodo. Cuando me había colocado las zapatillas, Inma me conminó a caminar descalzo. Dijo que pisar el suelo frio me ayudaría a mejorar el riego sanguíneo en las piernas y pies. Y yo apostillé la frase en mi mente sin pronunciar palabra "y... a coger un buen resfriado también me ayudará".

Me saqué las zapatillas y las seguí hasta el lugar que Adela había adecuado para mis masajes. Iba detrás de ellas mirándoles el culo, regurgitando en mi mente escenitas obscenas y preguntas non sanas ¿Qué haría Franc o Dimitri con estás dos? Mi ánimo me invito a esbozar una sonrisa mientras caminaba descalzo al cadalso. Inma había prometido no tener piedad de mis piernas. Estaba convencido que se iba a emplear a fondo. De la bolsa de mano empezaron a sacar envases diversos y la caja rectangular no era otra cosa que una camilla plegable que en poco menos de treinta segundos estuvo montada. Picando con una mano sobre la camilla y la otra en jarretas me dijo...

—Venga Ulises, súbete, te quiero aquí y rapidito. Sin pantalones ¡Eh!

No pude contenerme la risa y cuando estuve frente a frente la reté mientras me agachaba para sacarme los pantalones…

—¡Atrévete! A ver si puedes conmigo.

Sabía que estaba vendido. Aposté fuerte y cumplió con su amenaza, se empleó a fondo. Primero me trasteó las piernas como su fuesen de plastilina y después me colocó unos sensores y con una maquinita, que solo el diablo la podía haber inventado, me empezó a dar corrientes. Volví a recordar a Franc y me vino al pensamiento el qué haría él con ese suplició venido directamente del infierno, que saboteaba la voluntad de mi mente y de mis músculos, moviéndolos involuntariamente a cada pulsión eléctrica que recibían. Mis piernas se movían sin más. Recordé aquellos experimentos de química que hacíamos en la primaria cuando a las patas seccionadas de una rana le aplicábamos la corriente y se movían como si aún siguiesen sin estar separadas del cuerpo al que habían pertenecido. Después de juguetear durante quince minutos con la electricidad aplicó sus manos a mis piernas con un líquido frio con el que previamente se las había impregnado. Una última palmada en mis muslos me advirtió que habíamos terminado.

—¿Qué Ulises? ¿Cómo lo has llevado?
—Sobrellevado sin más.
—Ya te puedes poner los pantalones que nos vamos a comer.
—Vaya… ahora que se había puesto la cosa interesante. Corrientes, palmada en los muslos, vamos… que si a todos los hombres que les haces quitar los pantalones los tratas así, jajajaja, no te va a querer ninguno. Hasta pensé en el protagonista de la novela que estoy leyendo.
—¿Qué novela es? Y ¿Qué hace ese protagonista para pensar en él en estos momentos?
—Yo no te voy a contar nada. Si quieres saber más le preguntas a Adela durante la comida, que se la ha leído toda. Y no me entretengas más que tenemos que ir a comer.

De pronto me surgieron las prisas por abandonar la conversación. No me atrevía a explicarle nada a Inma sobre esa novela y mucho menos después del sueño del fin de semana cargado de lujuriosas perversiones. No debía plantearme este asunto de otra forma salvo la risa o la carcajada y tampoco estaba para ser sometido a un tercer grado, en especial del cómo estaba sentando a mis "ánimos" su lectura.

Capítulo 12

Me sentía abatido y agotado. Había sido una noche tensa y completa. Me debatía en la incertidumbre de cómo iba a responder mi cuerpo al poner un pie en el suelo. Marta balbuceaba entre sueños, su garganta emitía pequeños sonidos guturales que me hicieron pensar que estaba disfrutando durmiendo. Abordé la idea que si yo estaba medio muerto cómo debería estar ella. El recuerdo de cuando la hice entrar en la habitación aun perduraba en mí. Arrastrada por los suelos, estirando de ella por la correa y llevándola hasta los pies de la cama. Obediente y presta a mis requerimientos. Su cuerpo rebosando de lujuria y entregada por la revolución de sus hormonas, dispuesta a todo. Nunca la había poseído como aquella noche.

Moscú marcó un antes y un después. El dolor que le causé cuando le saqué todas las pinzas metálicas vino compensado por las caricias que mis labios y mi lengua le propinaron. Sus pezones uno a uno fueron engullidos y saboreados por mi boca para aliviar la presión que durante un buen rato habían estado soportando. El dolor fue cediendo paso al bienestar cuando humedecí sus aureolas. Se estaba recuperando bien cuando accedí a sus labios vaginales sonrojados por la presión recibida. Unos toques húmedos y rodear su contorno con mi lengua fueron suficientes para poner su maquinaria en marcha. Aquella noche estaba insaciable de deseo y pasión. Desbordada por los acontecimientos. Curiosa por descubrir nuevas fronteras. Lo absorbí y me lo metí todo en la boca. Amorrado a su coño y buscando su clítoris con la punta de mi lengua. Resultó fácil encontrarlo ya que estaba duro y erecto sobresaliendo de su entorno, demandando ser acariciado. Reclamando su protagonismo para ser el centro de todas las atenciones. Chupar, relamer y morder. Como una obra teatral en tres actos, con una sola intención, ponerla de nuevo en su punto de ebullición. Excitada y temblorosa. Sus carnes trémulas le impedían permanecer con la espalda apoyada en el colchón, retorciéndose de una forma incontrolada convulsionándose de placer. Abrazándose con sus propios brazos, apretándose su pecho contra ella. Gimiendo y resoplando. Entrelazando sonidos que no llegaban a monosílabos. Debatiéndose entre el sí, el más y un no pares. Se lo pedí o se los pedí. Como un volcán arrojando lava, recibí un orgasmo tras otro, desbordándose. No la deje parar. Recibí en mi boca todo el sabroso fluido de su deseo, fruto inconfundible del placer que le estaba proporcionando.

La hice girar sobre sí misma haciéndola apoyar sus rodillas en la cama ofreciéndome la vista de sus nalgas enrojecidas. Le pedí que apoyase su cabeza en el colchón y separase sus brazos en forma de cruz. Me volví loco al verla así. Me agarré de su cadera para atraerla hacía mí y tenerla sujeta. No lo pude evitar. Mi deseo era tan grande que lo hice. Hice lo que nunca había hecho con ella. Mis ojos se habían nublado. Mi mente no existía. Solo los impulsos más salvajes acudían a mí, soterrando mi voluntad. Una nueva borrachera de adrenalina me hizo abandonarme a la pasión. La sodomice por primera vez. Dilatada y lubricada. Deseosa de sentir. Arremetí contra ella. ¡Que placer más inusitado! Sin resistencia alguna. Entré hasta el fondo. Hizo un respingo con su cabeza al sentirme alojado dentro de ella, momento que aproveche para agarrarle del pelo. Fui estirando de su melena al tiempo que la penetraba. Entrar y salir saboreándola, disfrutándola, degustando el placer que su culo me estaba proporcionando. Seguía con los brazos estirados. Advertí como sus manos se agarraron a las sabanas, no sé si producto de placer o de dolor. La tenía bien pillada y no la pensaba soltar. Mis movimientos de cadera me estaban situando en la cumbre del placer. Dos azotes en sus nalgas y su lamento al recibirlos me puso en el camino. Un último envite hasta el fondo de sus entrañas me hizo desbordarme y llenarla con mi descarga.

El solo recuerdo de todo lo acontecido ya me había llevado de nuevo a una erección matutina que me dispuse a acallar con una buena ducha. No podía permitir entretenerme ni que el tiempo se nos echase encima, el vuelo estaba programado. Le di un beso a Marta para que se fuese despertando mientras me metía en el cuarto de baño.

—¿Cómo estás?
—Podría estar peor. Ha sido una noche agitada… ¿Verdad?
—Agitada e intensa —añadí.
—Quiero que sepas que me ha encantado. ¿Tendremos que volver a Moscú para repetir?

La dejé con la pregunta en la boca porque no le pensaba responder, me giré y me fui directo al baño.

Después de afeitarme abrí las puertas acristaladas de la ducha que por su tamaño más que un plato de ducha parecía un spa entero. Una puerta corredera me dio acceso a un espacio diáfano y grande. Daba la sensación de estar en un pasillo ancho más que en una ducha. El suelo tenía una característica peculiar, no resbalaba. Abrí el grifo del agua caliente y me sumergí debajo del chorro para ser abrazado por el calor de sus caricias. Marta repicó en la puerta de cristal con sus nudillos, sin esperar respuesta se coló dentro. No tardé en sentirla detrás de mí pasando sus manos por mi cintura para abrazarme el torso. Sentí su cuerpo piel con piel sobre mi espalda.

—¿Te enjabono?
—Como no.

Me aparté del chorro caliente de la ducha para que pudiese enjabonarme. No cerré el grifo para que se crease una nube de vapor caliente dentro del recinto acristalado. Cuando me tuvo todo el cuerpo cubierto de espuma tomé entre mis manos una buena dosis de jabón. Empecé rebozando bien sus tetas con movimientos circulares, de ahí mis manos resbalaron hasta su cintura. Redibujé sus caderas como si estuviese moldeando en barro, su cuerpo de mujer. Cuando llegué a su espalda bajé mis manos para agarrarla de sus glúteos y atraerla hacia mí. Sentí el cálido tacto de la piel de sus senos contra mi pecho y sus brazos anudados en mi cuello. Danzamos bajo el manto cálido que nos proporcionaba el agua al caer sobre nuestros cuerpos desnudos. Como ya empezaba a ser una tónica se nos escapó el tiempo de entre los dedos, una alarma acústica que había puesto en mi móvil me alertó.

—Lo tenemos que dejar aquí. El tiempo apremia. Yo salgo ya, me visto y bajo a ver si está Dimitri. No quiero tenerlo esperando.

—Anda ve tú. Adelántate. Yo termino en nada. Dame un beso antes de salir…

Me anudé una toalla a la cintura y con otra me fui secando, por suerte tenía la ropa preparada. Algo casual para salir del paso y emprender el viaje con comodidad. Unas deportivas, unos tejanos y una camiseta. Salí de la habitación camino del comedor en busca de Dimitri, bajé las escaleras y me lo encontré de bruces al entrar hacía el salón.

—¡Buen chico! —Me dijo con cierta sorna.

—¿Qué? —Le dije embravecido y retándolo.

—Nada. Ahora ambos lo sabemos. Será nuestro secreto.

—De acuerdo, pero no esperes que tenga en mi casa una sala como la que me has dejado esta noche. Yo soy pobre.

—Serás cabrón, con la pasta que te pago y ahora me vienes con estas —se reía a carcajadas.

—Pues mira —le dije—aún me pagas poco —me reí.

—Ya te lo ganaras con las primas que te vas a llevar con tus "niñas".

—Las "niñas" son tuyas. Casi que me estoy planteando pedirte un anticipo de las primas, así voy comprando el mobiliario antes de hacer las reformas. Por cierto, el confesionario me tiene intrigado.

—Cómprate uno y verás lo que lo disfrutas.

—Tendré que encontrar feligresas que quieran confesar sus pecados. Me reí de nuevo.

—No te será difícil con tus atributos.

—Mira quién habla, igual te vas a quejar.

—Yo no me quejo. Ya tengo mis feligresas como dices tú.

En ese momento llegó Marta por lo que abandonamos la conversación. Ella se ruborizó al ver a Dimitri hablando conmigo y sonriendo. Aunque dejamos la charla no pudimos disimular que habíamos reído. Quizás pensase que reíamos de ella o de lo que ayer había sucedido. La vi algo incómoda, le pasé la mano por el hombro y la acerqué cariñosamente hacía mí para depositarle un beso en la mejilla.

—Vamos a desayunar que tenemos que salir en breve. El avión no espera y recordad que tenemos pista a las diez en punto —dijo Dimitri acompañándonos con su brazo para que pasásemos al comedor.

Otro de sus fabulosos desayunos nos estaba esperando humeante. No había tiempo que perder así que tomamos las bandejas para servirnos de casi todo. Estaba tan apetitoso que no había excusas para no hacerlo. Nos sentamos y en un silencio sepulcral fuimos degustando, por no decir engullendo por las prisas, aquellos magníficos manjares. Parecíamos miserables y muertos de hambre por como estábamos comiendo. El ejercicio nocturno abre el apetito y nosotros dos habíamos corrido una maratón y media por lo menos.

Al terminar Dimitri se fue un momento para regresar con los tubos que contenían los planos y la memoria constructiva. Me los entregó y al mirarme a los ojos divisé en él algún temor. Puse mi mano en su hombro y la apreté un poco para aliviarle sus temores. Sabía que no me lo iba a confesar pero le asaltó el miedo.

Capítulo 13

Me enteré aquella misma mañana. Fue por Charly cuando se pasó por la recepción y nos dijo que se iba al aeropuerto a recoger a Franc. En ese momento me ruboricé pensando que el último día que fui con Pilar lo había dejado todo muy desordenado y que me dije de volver en otro momento a ordenarlo. Se me había pasado por alto. El rubor subió más cuando pensé que quizás se pasase por el despacho, barra, mazmorra, y se diese cuenta que lo había trasteado todo. A saber que iba a pensar. Seguro que nada bueno. Me reconcomía la idea. Intenté coger el teléfono interior para hablar con Astrid por si me pasaba por el antiguo despacho de Franc a recoger el correo, pero no me atreví. Además hacía escasos tres días que había ido, no tenía sentido. En mi mente se apelotonaban imágenes inconexas que nunca habían sucedido pero que cabría la posibilidad que pudiesen suceder. Franc enfurecido. Franc rabioso. Franc castigándome. Franc poniendo en duda con quién había estado allí, Franc más enojado. Un sudor frio supuraba de mí frente al tiempo que otro reguero de sudor recorría mí espalda. No podía remediarlo. Me pasé cien veces el pañuelo de papel por la frente, que fui cambiando por otro nuevo cada vez que lo usaba. Me saqué la chaqueta y comprobé que mi blusa estaba empapada. No podía salir de allí. No tenía ninguna excusa que pudiese emplear para escaparme del trabajo. Me sentí en una ratonera sin capacidad para decidir. Mis nervios me estaban bloqueando y el tiempo se me echaba encima. Charly hacía ya un buen rato que había cogido el coche camino del aeropuerto. Sara se acercó a mí.

—Pero chiquilla ¿Tú te has visto? Estás temblando y sudando a mares. ¿Por qué no te vas para casa? No puedes seguir trabajando en estas condiciones. ¿No lo ves?

Puse cara de compungida. Sara me estaba brindando la solución a todos mis problemas, así que aproveche para poner hasta mala cara.

—Estaba pensando en irme para casa, no me encuentro nada bien.
—Pues vete. No te lo pienses más. Si alguien pregunta ya le diré que estabas fatal y te he enviado para casa.
—Sara, recojo mis cosas y me voy. Me pasaré por la farmacia antes a ver si me pueden dar algo.
—¿Tienes fiebre?
—No lo sé.
—Pues que te pongan el termómetro.
—Vale Sara, me voy ya y gracias por preocuparte por mí.
—Nada mujer, hoy por ti y mañana por mí.

Salí apresuradamente y paré el primer taxi que pasaba por allí. El trayecto en coche hasta nuestro reducto eran de solo cinco minutos, si hubiera cogido otro tipo de transporte habría tardado mucho más. No me podía permitir ese lujo. Llegué al portal. Estaba tan nerviosa que no encontraba las llaves. Rebusqué por todo el bolso. Sabía que las tenía pero las condenadas no salían. Descorrí la cremallera de un pequeño departamento y por fin aparecieron. Abrí la puerta de hierro de la entrada y me dirigí al ascensor. Me asaltó el portero. ¡Qué oportuno!

—¿A dónde va? Preguntó el muy cotilla.
—Al despacho del Sr. Franc Cirera —le respondí.
—Creo que no está. Hace días que no lo veo por aquí —dijo simulando hacer memoria.
—Ya lo sé. No importa, tengo llaves, me ha encargado que le recoja unos documentos.
—De acuerdo. Salúdelo de mi parte cuando lo vea.
—Así lo haré cuando lo vea.

Abrí la puerta del ascensor y apreté el botón de subida. Me invadió la sensación que aquel ascensor no subía. Que se había quedado suspendido en el aire sin intenciones de llegar donde le había pedido. Frotaba mis manos compulsivamente una contra la otra. Mis nudillos estaban fríos y mi cuerpo cada segundo que pasaba más tembloroso e inquieto. Tomaba el aire a bocanadas para soltarlo de golpe en grandes resoplidos. Por fin llegué. Salí del ascensor con las llaves en la mano para no perder tiempo. Apunté, metí, giré y abrí. Fui directa a su despacho que es donde había mayor desorden. Pilar lo toqueteó todo y yo que la dejé. Por suerte ya estaba allí para recolocar todo, ordenar y aprovechar para quitar un poco el polvo. Pensé que ahora que ya había llegado desaparecerían los temblores, mi frío interior y esa sensación extraña que se había apoderado de mí. Todo lo contrario ahora mis temores se orientaban a no ser pillada "in fraganti".

Una vez ordenada la entrada, me dirigí al despacho de Franc. Allí, recogiendo y ordenando juguetitos, a mis manos vino a parar un vibrador que mi mente no recordaba que hubiésemos usado en ningún momento. Me entretuve pensando qué efecto sobre mí podría causar. Lo cogí para acariciarlo entre mis manos. El tacto sedoso de su revestimiento de silicona me hizo imaginar sensaciones. Al recrear en mi mente esas sensaciones y trasladar a mi sexo lo que el tacto de mis manos percibían, sentí el advenimiento de un brote de humedad en mi vagina acompañado de un pequeño estremecimiento en mi vientre.

El silencio sepulcral de aquel despacho convertido en nuestra mazmorra privada y en general en todo el edificio de alguna manera influía en mí. Dejé el vibrador sobre la mesa y me saqué los zapatos para no hacer ruido con los tacones al deambular de un lado para otro. Ese silencio se truncó cuando escuche al portero saludar a alguien que había entrado. Me acerqué a la puerta a escuchar. Puse la oreja contra la puerta como una cotilla chafardera.

—Suba, suba. Arriba está su secretaria que acaba de llegar —le escuche decir al portero.

No podía ser. Se me heló la sangre. Los temblores de mis tobillos empezaron a hacer mella, mis piernas siguiendo el ritmo que marcaban los tobillos y la respiración entrecortada entraba en escena. No podía ser que tuviese tan mala suerte. No, no, no, no podía ser. ¿Sería Franc? ¿Qué hacer? Pensé en salir del despacho y subir a la planta de arriba para esconderme pero el portero ya le había dicho que estaba su secretaria arriba. No encontraba excusa para justificar que estaba allí en horas de trabajo, tampoco sabía si venía solo o acompañado. Igual le ponía en un compromiso. El sonido del ascensor se acercaba a la planta de forma imparable. ¡Dios! ¿Qué hago? El ascensor se paró justo donde me temía. El chirrido característico de la puerta del ascensor al abrirse y el tintineo metálico de unas llaves delante de la puerta me puso en la tesitura de pedir a la tierra que se me tragara, que me hiciese desaparecer el genio de la lámpara o cualquier otro personaje del amplio abanico de posibilidades que la fantasía literaria había creado. Mi cuerpo se movió impulsado por un resorte imaginario que me llevó al despacho para cerrar el armario de los juguetes y coger una carpeta que había visto por allí para tenerla entre mis brazos y poder simular cierta actividad, esbocé una sonrisa cuando encajó la llave en la cerradura y la puerta de entrada se abrió. Miré de reojo en la esquina de la mesa e inmutable ahí estaba el vibrador. Se me había olvidado guardarlo al cerrar el armario. Un repentino calor subió a mi rostro invadiéndome un rubor indescriptible. Me agarré a la carpeta con todas mis fuerzas. Esta vez la había cagado del todo.

Capítulo 14

Después del copioso desayuno, Dimitri cumplió con su promesa y nos acompañó al aeropuerto, entre otras cosas, para custodiar mejor los porta planos en forma de tubo que iban en el maletero junto con nuestras maletas. Llegamos con el coche hasta el mismo hangar.

Dimitri estuvo encantador todo el trayecto. Era la primera ocasión que lo veía tan genuinamente amable y gentil, independientemente de nuestra amistad y de nuestro nuevo secreto. Quizás porque era la primera vez que no controlaba la situación. Está vez era de mí de quien dependía Dimitri y se le notaba, no lo podía disimular. Era la primera vez que yo controlaba todo. Saboreé el momento sabiendo que Dimitri dependía de mí. La sensación de poder fue sublime. El eterno dominante de todas las situaciones, aquel que doblegó la voluntad de muchos, ahora me mostraba sus momentos de flaqueza y debilidad. El mejor negocio de su vida pasaba por mis manos y por mis criterios de seguridad.

Bajamos del coche y ambos nos dirigimos a la parte del maletero mientras Marta se dirigía a la escalerilla para esperarnos. Sacamos las dos maletas y tome los tres tubos debajo de mi brazo izquierdo. Dimitri me sujetó por la muñeca de mi mano derecha y se me quedó mirando. Sus ojos mostraban un repentino estado de ansiedad. Su mirada habló por él. "Estoy en tus manos" volví a dejar los tubos en el maletero ante su sorpresa y separé mis brazos paternalmente para darle un abrazo. Se vino a mí instintivamente y se abrazó mientras me susurraba al oído

—No hace falta que te diga… —lo interrumpí
—¡Dimitri! ¡Coño! ¡Tranquilo! Está todo controlado.
—Te pediré un favor —me dijo.
—Dime… ¿Qué quieres?
—Me podrás dar un aviso cuando estén los planos seguros.
—Te diré más. No te diré dónde van a estar por seguridad. Solo la secretaria que empieza por "A" será quien esté al corriente de donde estarán custodiados. Por si me pasa algo que haya alguien más que lo sepa.
—Veo que has pensado en todo.
—Claro que si Dimitri, ahora en vuelo los abriré y mezclaré todos los planos.
—No te hará falta —dijo

Se metió la mano en su bolsillo para sacar algo que no vi y que me metió en el bolsillo del pantalón tejano disimuladamente. Esto es todo. Se acercó a mi oído para susurrarme…

—Los tubos son solo attrezzo, en este pen drive tienes lo importante. Los planos y la memoria constructiva. Como ves toda precaución es poca.
—Entonces… ¿Qué llevo en los tubos?
—Planos y memorias constructivas falsas por si alguien te los roba, los abre e intenta copiarlos. No les va a servir para nada.
—¡Me encanta jugar a espías! —dije sonriendo—Ahora sí que me has sorprendido. He caído como un tonto.
—Esa es la idea del attrezzo. Venga Franc que el tiempo se echa encima y el piloto va a perder el derecho de pista.

Nos acercamos hasta Marta cargados con el equipaje y los tubos, que ajena a nuestras intrigas nos estaba esperando al pie de la escalerilla. Me adelanté y subí por la escalerilla los planos, dejándolos encima de un asiento para volver a bajar a despedirme. Dimitri y Marta estaban en ello dándose dos besos y un leve abrazo amistoso.

—Marta, no seas tan cara de ver por Moscú.
—Volveré cuando me invites de nuevo. Y no dudes que tengo muchas

ganas de volver. Tengo todavía mucho por explorar —Se dirigió a mí para decir…

—¿Verdad Franc?

—Desde luego que sí —dije. Venga ve subiendo que ahora voy yo.

La muy desconsiderada se subió sin nada en las manos. Extendí mi mano hacia Dimitri para estrechársela mientras la otra la situaba en su hombro para darle una palmada y un apretón. Él me cogía por la cintura. Acabamos dándonos otro abrazo, este ya de despedida. Cogí las dos maletas y subí por las escalerillas dejando atrás a Dimitri y dando por finalizada la corta estancia en Moscú.

El piloto accionó el motor y subió la escalerilla para dejar el portón cerrado. Inició la marcha lentamente de camino a pistas mientras nos despedíamos por la ventanilla de Dimitri que se quedó algo extraño con los brazos cruzados mirándome y dibujando una pequeña mueca en su rostro que se asemejaba a una leve sonrisa.

Me di la vuelta para tomar asiento. Marta ya se había aposentado. Las luces indicaban que era el momento de ponerse los cinturones, así que ajustamos cinturones en el instante que el piloto anunciaba que iniciaba las maniobras de despegue. No tardamos en notar como el morro del avión se levantaba del suelo y de forma vertiginosa subíamos de camino a las nubes.

Marta estaba un poco agarrotada en su asiento. Me pareció que estaba más intranquila que en el viaje de ida. Cuando el piloto anunció que ya nos podíamos desabrochar los cinturones, ella se levantó del asiento, dijo que se iba a preparar algo de beber. Me preguntó si quería algo. Lo mismo que tú le respondí. Mientras lo estaba preparando me abstraje unos minutos meditando sobre las cuestiones de seguridad. Recordé que por casa corrían varios pen drive con espacio libre en memoria. Concluí que nada más llegar haría tres copias del pen drive. Una se iba a quedar en casa, la otra se iba a quedar en mi antiguo despacho y una tercera la dejaría en manos de Astrid.

Marta se atribuyó las funciones de azafata ya que al parecer en el camino de vuelta el presupuesto no daba para ello. Volvió con dos vasos de tubo en una bandeja. Al llegar frente a mí se arrodilló para ofrecerme uno de los vasos al tiempo que me acercaba la bandeja.

—Un cubalibre para mi Señor, elija lo que más deseé.

—Primero cogeré uno de estos y me lo beberé y luego te elegiré a ti para comerte.

—Ya le he dicho que elija lo que deseé. No sé qué más puedo ofrecerle.

Cogí el vaso y mientras bebía la iba observando. Se lo estaba tomando en serio lo de querer comportarse como mi sumisa. Me estaba gustando el cariz que tomaba su metamorfosis. Me resultaba sublime tenerla arrodillada ante mí, con su mirada al suelo, esperando acontecimientos, esperando mis órdenes, mis deseos, proponiéndome que tomase todo y cuanto me pudiese ofrecer. Mi mente se empezaba a nublar fruto de la bebida, la altura y la propuesta. Nunca había follado en un avión. Mi mente se hizo a la idea y mi cuerpo reaccionó provocándome alteraciones hormonales propias de un jovencito.

—Bebe el tuyo —Le dije—Cuando termines de beber, te vas al aseo, te desnudas y me esperas de rodillas y con las manos atrás.

Tal y como le había ordenado, hizo. Se terminó su bebida de golpe y se marchó en dirección al aseo. Una de dos o tenía mucha sed o tenía muchas ganas de pillar. Estaba claro que se había aficionado a esta modalidad de juegos que dejaban al sexo vainilla a un lado. Deje que transcurriese un buen rato. Primero para darle tiempo y segundo para degustar y saborear esos momentos de su espera, mientras jugueteaba con los cubitos de hielo que aún quedaban en mi vaso.

Cuando consideré oportuno me levanté de mi butaca me saqué los pantalones y me dirigí al aseo. No había tenido ocasión de verlo en el viaje de ida y no lo conocía. Me quedé sorprendido del espacio que había, más que un aseo parecía una sala. A la izquierda había un mostrador de madera barnizada con una pica de diseño moderno y un gran espejo que cubría todo el mamparo. Marta se había colocado en el centro de la estancia por lo que quedaba mucho espacio para poderme mover, así que caminé alrededor suyo para contemplarla, para degustar la escena que me estaba proporcionando. Mis endorfinas estaban invadiendo todos mis sentidos. Me empecé a desbordar ansiando poseerla y hacerla mía de nuevo.

Cuando acabé de dar vueltas estaba delante de ella. Me quedé parado tanteando mi próximo asalto. Me resultaba imposible poderme contener por más tiempo. Inspiré porque necesitaba oxigenarme, pues se me estaban bloqueando los sentidos con tanta adrenalina recorriendo mi cuerpo que impunemente llegaba a mi cerebro como un misil con cabeza nuclear, directo a mis emociones.

No pude evitar la tentación que me perseguía de un tiempo a esta parte.

Puse mi mano plana sobre su cabeza y la acerqué a mí, saqué mi miembro por encima del calzoncillo para penetrarla. El tacto de la cálida humedad de su boca, me proporcionaba una sensación inigualable cada vez que hacía una incursión en ella. Me enloquecía el placer de usarla así. Era ya una tónica eso de follar las bocas de mis sumisas. Usarlas así era un privilegio que no solo me correspondía sino que además enfurecía al animal que llevo dentro.

Imprimí un ritmo lento en mis incursiones para sentir cada milímetro de su lengua cuando la levantaba para acariciar mi miembro y rodeaba mi glande cuando me retiraba de ella. Tuve que salirme del todo para hacer descansar mi piel estimulada por sus roces y caricias. Todas las terminaciones nerviosas de mi pene estaban echando chispas provocándome un tremendo deseo de eyacular. Me contuve. Todavía quedaban un par de horas de viaje y me apetecía disfrutarlas.

Me arrodillé frente a ella para saborear sus labios con los míos al tiempo que empecé a juguetear con mis dedos pellizcando sus pezones en total erección. La situación creada en el aseo del avión, la había puesto en extremo excitada y de ello daba cuenta su temperatura corporal. Su piel desprendía calor y el aroma inconfundible de la revolución de sus endorfinas. Una de mis manos fue a acariciar sus muslos. Su entrepierna estaba ardiendo salpicada de su propia humedad. Bordeé sus labios que estaban tiernos y entreabiertos, solícitos, reclamando ser rozados, tocados y acariciados. Los pellizqué. Tomé entre mis dedos uno de sus labios. Lo presioné y estiré de él. Hice lo mismo con el otro y hurgué en busca de su punto más vulnerable, la fuente de su placer. Lo encontré. Estaba justo donde debía estar, endurecido y sobresaliente, lo agarré con las yemas de mis dedos para apresarlo y hacerlo mío. Sus ojos se quedaron mirándome sin parpadear. La pille de sorpresa cuando se lo retorcí. Una mueca de dolor asomó en su rostro. Su respiración se empezó a acelerar hasta el punto de empezar a hiperventilarse.

Abandoné mis maniobras púbicas para retomar sus dos pezones que volví a pinzar para forzarla a levantarse. La hice apoyarse con sus manos en el mostrador y con mi mano la guie para que se separase un poco de él para poderla usar a placer. Bajé mi mano derecha nuevamente a su vulva para tomarle el pulso y la penetré. Mis dedos entraron en ella atravesando sus labios inferiores para que se impregnasen de su esencia. Empezó a tomar la senda de su placer y tuve que sacarla de esa zona roja, así que azoté sus nalgas con la otra mano. Fui acompasando los azotes con las penetraciones digitales. Le exigí que levantase la cabeza para mirarse al espejo. Dejé de palmearle las nalgas y saque mis dedos de su coño para metérselos en la boca y apoyando mi pulgar bajo su mentón para mantenerle la cabeza erguida, hice que los chupase bien para que conociese el sabor de su sexo. Sus ojos reflejados en el espejo se mostraban brillantes aunque su mirada estaba perdida. Mis dedos jugaron con su lengua, forzándola a no moverse mientras de su boca empezaba a desbordarse su saliva. Intentó que no se le escapase pero fue inevitable. Babeaba por las comisuras de sus labios. Un reguero le empezó a caer. Dejé de palmearle las nalgas y salí de su boca con los dedos totalmente mojados.

Pasé por detrás suyo para cambiarme de posición y lado, su cuerpo trémulo buscaba su destino. Separé sus nalgas con la mano humedecida con su saliva y le penetré su ano con dos dedos para empezarla a dilatar mientras mi otra mano hacía lo propio con su coño. La invadí para ponerla en el punto que yo deseaba que estuviese para mí y poderla usar como se me antojaba. Cerró sus ojos y la regañe. Las niñas obedientes no hacen eso, le dije. Deseaba que se mirase en el espejo y viese sus evoluciones. Los abrió, pero su mirada seguía perdida e iluminada.

Cuando consideré oportuno salí de su vagina con mi mano rebosante de sus fluidos y la agarrarle del cuello para que sintiese mi poder y se lo presioné para dificultar su respiración al tiempo que me ponía detrás de ella. Le levante de nuevo la cabeza forzándole el mentón con los dedos que me quedaban libres de la mano que sujetaba su cuello. Cuando atendía al espejo la sodomicé sin piedad. Me gustó ver sus párpados abiertos por la sensación de sentirme detrás de ella, con mi polla en su culo llamando a la puerta para entrar. La forcé a agacharse más hasta que apoyó sus tetas en el mostrador, fue en ese momento cuando con un golpe certero de cadera me adentré en sus profundidades anales para taladrarla y tenerla empalada. Mi mano seguía sujetándola por el cuello y sentí como tragó saliva. Era la segunda vez que la poseía de esa forma y no me iba a privar de saciarme y satisfacerme. Tenía sus manos libres con las que se estaba apoyando en el mostrador, así que le exigí que se sujetase las nalgas y las separase para mí. Las separó lo que aproveche para metérsela más adentro si aún no lo había hecho ya. Me encantó tenerla así. Ya no me iba a privar nunca más de mis deseos con nadie y mucho menos con ella, que ya había catado las mieles de su sumisión y le había gustado. Arremetí cuantas veces me fue posible, entrando y saliendo de su pobre culo entregado para mi goce y disfrute, mi placer, mi diabólica posesión. Con la otra mano le agarré del pelo para asegurarme que se miraba mientras le follaba el culo como un animal salvaje. Fue tanta la satisfacción que me estaba llevando que empecé a babear sobre su espalda. Acabé escupiendo sobre ella. Llamarla zorra y puta fue el detonante que me hizo llegar al punto de no retorno, un nuevo impulso y entré hasta el fondo al tiempo que desfallecí por eyacular dentro de su culo.

Desarbolado y abatido, caí derrumbado sobre su espalda para recuperar el aliento mientras notaba que poco a poco mi polla iba perdiendo su hinchazón y se iba saliendo irremisiblemente de la calidez de su cuerpo, hasta quedar desprendida del todo y gotear los últimos restos. La obligué a arrodillarse de nuevo para dejarme el instrumento limpio del todo con su boca. Después de unos minutos consideré que la tarea de limpieza la había realizado con diligencia e interés así que me di la vuelta y salí del aseo con la intención de sentarme de nuevo en mi butaca. Una orden más…

—Sal del aseo caminando como una perra, a cuatro patas y ven detrás de mí.

Salí y ella tras de mí tal y como le había dicho que hiciese, obediente y sumisa. Estábamos solos y el piloto estaría a lo suyo. Me senté en la butaca y como una perrita se sentó en el suelo y a mi lado, lo cual me permitió acariciar su cabeza como se hace con las perritas cuando se han portado bien. Cogí uno de los periódicos que había en inglés, me lo coloqué encima de mis piernas y empecé a ojearlo sin dejar de acariciar su pelo. Se me antojó una perversión, la hice ponerse como una perrita a cuatro patitas entre mis piernas. Con mi mano acompañé mi pene a las puertas de sus labios para juguetear con ella un rato mientras atendía al periódico que parecía haber algo interesante en sus páginas interiores. Apoye el diario en su cabeza y le dije…

—No quiero que te muevas ni un milímetro y ten la lengua quietecita dentro de tu boca quiero leer tranquilo.

Esta nueva instrucción la hizo quedarse inmóvil, cerró obedientemente sus labios sobre mi polla aprisionándola con ellos y así se quedó, lo que me facilitó concentrarme en la lectura. Un conflicto inter fronterizo entre Rusia, la Unión Europea y Estados Unidos a razón de una reclamación histórica de Rusia sobre la península de Crimea, donde se firmó el tratado de Yalta que puso fin a la segunda guerra mundial. Me apercibía de la importancia del pedido que nos habían hecho. Marta no pudo evitar que se le rebosara por la comisura de sus labios cierta cantidad de sus fluidos bucales. Ese cosquilleo cálido y un movimiento de su lengua para tragar me altero. Enrollé el periódico formando un canuto y le di en la cabeza.

—¡Te he dicho que no tenías que mover la lengua!

El papirotazo provocó que la engullese de golpe y se atragantase al verse sorprendida, con lo que la aparté para dejarla toser y la castigue sin premio. Sin querer, toqué un resorte de la butaca la cual se abatió lentamente dejando la mitad de mi cuerpo, de cintura a cabeza, totalmente recostado, lo que me proporcionó una posición ideal para seguir con el uso y disfrute de Marta sin el periódico de por medio. El viaje de regreso estaba proponiendo nuevas ideas y no me iba a privar de ponerlas en la práctica. La hice caminar como una perrita hasta la cabecera abatida de mi butaca. Cuando llegó al lugar que le había indicado le hice levantarse. La vi aparecer por encima de mi cabeza y al levantarse asomaron sus maravillosas tetas por encima de mis ojos. Me incorporé de la butaca para ponerme detrás de ella y hacerla recostar en la butaca por la cabecera, sujetándose con sus manos de los reposabrazos. Pasé mis manos por su espalda para masajearla y cuando llegue a su culo lo magreé. Lo amasé como se hace con la masa de pan. Estaba espectacular, divina, deseable, mis ansias de poseerla me llevaban a la locura. Introduje dos dedos en su sexo que se mostraba humeante, preparado para recibirme. No lo dude, separé sus nalgas para hacerme un espacio. Su coño quedó entreabierto, brillante por el efecto de estar rebosándose de su propio deseo. Coloqué mi glande entre sus labios y empujé con suavidad. Empezó a desaparecer dentro de ella. La suavidad y la calidez del reducto de su vagina me permitieron llegar hasta el fondo, saboreando todas y cada una de las rugosidades lubricadas de su interior. Me agarré con las manos en sus glúteos al tiempo que jugueteaba entrando y saliendo de ella. Sus temblores fueron en aumento creando una sinfonía de movimientos junto a los míos. Apretó con furia sus manos agarradas a los reposabrazos, lo que me hizo vislumbrar que estaba a punto de llegar. Ralenticé mis movimientos y le di permiso para entregármelo. Deseaba disfrutar de su orgasmo, deleitándome con sus temblores. No tardó en darme mi regalo. Su cuerpo liberó toda la energía acumulada ofreciéndome el fruto de su placer. Un fuerte temblor acompañado de un alarido prolongado de satisfacción, que surgió de su garganta para llenar el silencio. La acometí sin contemplaciones arremetiendo en las últimas penetraciones hasta el fondo de su ser. Golpeando sus nalgas con mis caderas. Creí que la iba a romper cuando mi polla reventó descargando en ella el fruto de mi deseo, vaciándome en una nueva cascada de emociones.

La hice vestirse y me calcé los pantalones. Por mis cálculos quedaba escasa media hora para aterrizar y no sería oportuno que el piloto nos viese en esa tesitura. Aproveché el tiempo que quedaba para dar un vistazo a uno de los canutos, que abrí encima de la mesa desplegando todo su contenido. Para un abogado aquello se presentaba como algo hecho en un idioma extraño, una jerga desconocida para los que estamos más habituados a manejarnos con leyes y desarrollos reglamentarios. Trazos gruesos, trazos delgados, planos y planos, innumerables referencias numéricas, todo ello me confirmó que era un idioma desconocido así que ordené y capitulé todas las hojas, las enrollé y las volví a colocar en el tubo de donde no debería de haberlas sacado.

El piloto luminoso para dar la señal de ponerse los cinturones se encendió, momento en el que el piloto nos avisó que estábamos próximos a tomar tierra, así que nos sentamos, nos pusimos los cinturones de seguridad a la espera de un nuevo mensaje de que habíamos aterrizado.

Asomé la mirada por la ventanilla cuando el avión se dirigía hacía el hangar, Charly puntual a la cita, estaba esperando. Bajamos del avión tan pronto como el piloto abrió la puerta y la escalerilla desplegable descendió.

Descargamos las maletas y los tubos porta planos. Charly se apresuró a cogerme de las manos mi maleta y a Marta la suya, lo que nos liberó de la carga. Entramos en el coche. Cuando Charly se sentó al volante preguntó…

—¿Hacia dónde vamos Franc?
—Primero iremos a nuestra casa, dejamos la maletas y a Marta y luego nos vamos un momento al despacho para dejar estos planos.
—Ok. Jefe.

Marta me miro como preguntándome el por qué no me quedaba. Ya había dejado claro los motivos del porqué de ir al despacho. Abrí la ventanilla me estaba abrumando el calor, casi que se me había acostumbrado el cuerpo a las temperaturas moscovitas. Charly con su habilidad conduciendo hizo que se me hiciese corto el camino a casa. Dejamos a Marta con las maletas y uno de los tubos. En mi mente recreé la fantasía que el attrezzo es para usarlo y que mejor uso que hacer un simulacro de seguridad. Uno de los tubos iba a quedarse en casa, otro en mi antiguo despacho y el tercero se lo daría a Astrid para su custodia. El pen drive del que salvo Dimitri, supuse, nadie tenía idea, no lo iba a soltar ni para dormir y las tres copias de seguridad que había pensado hacer, las haría mañana a primera hora desde la oficina. Le dije a Charly donde iba a ser la siguiente parada y hacía allí fuimos. Llegamos a mi antiguo despacho. Le pedí a Charly que me esperase unos minutos y subí.

La contrariedad vino marcada por el cotilla del portero que me lo encontré de bruces al entrar en el portal.

—Cuánto tiempo sin verle Franc.
—Tengo mucho trabajo fuera del despacho y vengo poco últimamente.
—Suba, suba. Arriba esta su secretaria que acaba de llegar.

Algo dentro de mí se revolucionó, le puse cara de agradecimiento al portero y tome el ascensor. Mientras subía al despacho, mi indignación se acrecentaba por momentos. ¿Quién se suponía que era esa secretaria? Solo me quedaban dos respuestas: Astrid o Mar. La primera no tenía sentido que estuviese ya que en principio no tenía las llaves y la segunda tampoco pues no la había citado. Mis dudas se disiparon en un instante. Al abrir la puerta del despacho descubrí el enigma. Mar con su traje chaqueta abrazando una carpeta en actitud complaciente, dibujaba una mueca de sonrisa en sus labios, intentando simular una aparente normalidad. No pudo disimular el rubor que se alojaba en sus mejillas.

Fruncí el ceño y la miré con desdén. No le dije ni buenos días.

—¿Qué coño haces tú aquí?

Balbuceó sonidos ininteligibles intentando dar alguna respuesta coherente a mi pregunta. No la dejé seguir. Me acerqué a ella y le puse la mano en la boca para enmudecerla. De reojo vi sobre la mesa un vibrador. De sus ojos acristalados, brotaron minúsculas gotas de un llanto contenido. Se agarró a la carpeta como si fuese su tabla de flotación.

Dejé el tubo tal y como había previsto sobre el armario, sin dar más explicación que…"esto no se toca bajo ningún concepto" y me fui rápidamente dejándola donde la había encontrado, no sin antes decirle un… "ya hablaremos de esto". Bajando en el ascensor se me acumulaban preguntas sin respuestas. No me había respondido al porqué estaba allí, tampoco comprendí su intranquilidad interior y ese esbozo de llanto. El vibrador encima de la mesa me turbaba. Concluí que no era el momento para tomar decisiones al respecto e hice un aparte con mis pensamientos. No quería estar las próximas horas coaccionando mi mente. Iba a estar muy ocupado preparando el nuevo proyecto.

Charly como era de esperar se había quedado aparcado en la acera de enfrente, cruce la calle sin echar la vista atrás y me metí directamente en el coche.

—¿Dónde vamos ahora Franc?
—Vamos a las oficinas, resuelvo un par de temas y me llevas a casa que no tengo coche.
—De acuerdo Franc. Para eso estoy.

De camino a las oficinas me vino la luz de cómo organizar todo este asunto. Iba a dar instrucciones a Astrid para organizar una reunión de trabajo con el jefe de taller y los ingenieros, primero para desmenuzar el proyecto y planificar el cómo, el cuándo y el quién. Por otro lado había que conocer el estado, del dónde. Valorar cuantas personas más se tendrían que integrar en los equipos de trabajo para encargar su selección y empezar a organizar un calendario de fechas y plazos. Sentí como una sonrisa de satisfacción se apoderaba de mí proporcionándome una sensación de paz interior cuándo me asaltó una pregunta.

¿Qué voy a hacer con Mar?

Capítulo 15

El otoño estaba servido, rondaba mediados de noviembre. El día anterior había caído un aguacero propio del tiempo y de la estación. La mañana se presentaba soleada lo que me hizo pensar en la posibilidad de buscar mi vieja cesta montañera. La que usaba de joven cuando salía al bosque a coger setas. Durante el desayuno se lo comenté a Adela. Ella no tenía ni idea de cogerlas y le pareció una buena propuesta lo de aprender. Así que dicho y hecho, esa mañana íbamos a dedicar nuestra caminata a buscar, ver y reconocer setas. Discernir entre las comestibles y las no comestibles e identificarlas por sus nombres y si teníamos un poco de suerte poder coger algunas para comer.

Después de caminar una hora pudimos recoger unos cuantos ejemplares con cierta decencia. Salvamos el honor ya que conseguimos de varias especies diferentes. De vuelta a la casa y después de comer, alimenté con unos troncos secos la chimenea para que siguiese caldeando. Nos sentamos en el sofá frente al fuego y cogí una antigua guía de setas para repasar con Adela. Localizamos las que habíamos recogido. Yo ya las conocía pero me fue bien para recordar otras que ya no tenía tanto en mente. Adela aprovecho para sacar alguna receta para cocinar lo que habíamos recogido por la mañana y me prometió una cena de lujo.

Una llamada del picaporte de la puerta nos sorprendió. Adela fue a abrir, obviamente iba a llegar antes que yo. No sabíamos quién podría ser, no habíamos escuchado ningún coche acercarse a la casa por lo que le pedí a Adela que fuese con precaución y que antes de abrir se cerciorase bien de a quien abría. Lo agradable fue la sorpresa. Raúl e Irene juntos de nuevo y de visita. Les recriminé por llamar a la puerta y les recordé que tenían llaves de la entrada a lo que arguyeron que era una forma de darnos una sorpresa. No les pude corregir, llevaban razón. La noche caía acompañada del frío otoñal así que les conminé a entrar deprisa y tomar aliento junto a la chimenea. Irene, la pobre, era la que más acusaba las bajas temperaturas. Se plantó frente al fuego para recuperarse mientras se frotaba las manos. Daba patadas al suelo para activar la circulación y volver a sentir los pies. Raúl tenía otra constitución. Más fuerte y robusto. Para él este tiempo era normal y llevadero, estaba acostumbrado por las temporadas que había pasado en la masía de niño.

–Y bien. ¿A qué se debe vuestra visita sorpresa?

–¿Recuerdas que te dije que iba a diseñar y hacer el jardín?

–Si, pero no creo que te vayas a poner ahora a hacerlo.

–Ahora mismo no, pero la idea me ha servido para que me acompañe Irene y venir a verte los dos.

–Si es así me parece perfecto. ¿Qué Irene te has recuperado ya del frío?

–Casi, casi abuelo. Dame unos minutos más y ya seré persona.

–Raúl ¿Ya has pensado como lo vas a hacer el jardín?

–Si más o menos sí. He traído unos bocetos que me gustaría enseñarte.

–Pobre de mí ¿Ahora me quieres hacer trabajar otra vez? ¿Quieres que te haga alguna observación? ¿O acaso me vas a pedir opinión? Ya sabes que de jardinería no tengo ni idea.

–Solo era para conocer tu parecer.

–Raúl todo lo que hagas me parecerá bien.

–Ya, pero me gustaría compartir contigo mis ideas.

–Y yo quiero que me sorprendas.

Raúl se acercó a mi oreja para susurrarme

–Como aún tenemos un trato pendiente mi trabajo con el jardín será la contrapartida de ese trato.

–¿Un trato? Yo no recuerdo ningún trato –le respondí también entre susurros. Ya hablaremos–le dije y nos separamos de nuestros cotilleos.

—¿Qué te parece si vienes el miércoles a comer?—le dije

—Ulises, recuerda que Inma viene a trabajar tus piernas los miércoles —dijo Adela.

—Mejor. Entre la gente joven se entienden bien. Igual hasta le da las ideas que yo no soy capaz de darle —dije dirigiéndome a Adela.

Raúl se vio sorprendido con la propuesta. Quizás lo que más le gustó era tener la oportunidad de volver a ver a Inma, aunque había entre ellos una diferencia de edad de al menos diez años para Raúl con su desparpajo habitual no debía de ser inconveniente para poderse entender. En el fondo le estaba sirviendo el acuerdo que él decía que teníamos, en bandeja. Me constaba que le dejó huella aquel día de la barbacoa, con sus pantaloncitos cortos, que al contornear sus caderas alimentaba la mórbida imaginación del grupo de chicos, incluido él.

Me acerqué a Irene para abrazarla por detrás y luego frotarle los antebrazos con mis manos para que pudiese terminar de reponerse del frío que se le había metido en el cuerpo.

—¿Nos hacemos algo caliente para tomar? —propuse.

—Buena idea —dijo Irene mientras Adela ya estaba de camino a la cocina.

Mientras Irene seguía recuperando calor me acerqué a Raúl para tomarlo por el brazo y llevármelo a la entrada.

—Ahora volvemos Irene. Vamos un segundo a la puerta.

—De acuerdo abuelo, no me pienso mover de aquí hasta que deje de sentir este frío en mi cuerpo.

Al llegar a la puerta de entrada me dirigí a Raúl…

—¿Has visto cómo te organizo las soluciones de los "tratos"?

—Sí. Lo he visto. Pero el trato era aprender de la novela y no quedar con tu masajista.

—Muchacho leyendo solo se adquiere teoría y tú lo que quieres es aprender y para aprender no hay nada como caminar.

—Ya… Pero ¿Cómo? ¿Ella sabe? ¿Ella es?

—No Raúl, ni sabe, ni es. Eso es algo que tendrás que descubrir por ti mismo. ¿Acaso te crees que lo que tú quieres aprender es como hacer un diseño industrial? No. No lo es. Debes aprender a imaginar y dejar que las emociones y la fantasía guíen tus pasos y tus acciones. Debes encontrar tu pareja de baile para aprender los dos. El uno del otro y viceversa. En todo eso yo no te puedo ayudar. Es lo único que te quería decir para poder dejar este asunto del "trato" zanjado definitivamente.

–Gracias abuelo.

–De nada nieto.

Volvimos de nuevo al salón para reencontrarnos con Irene, de camino me hice mil preguntas y como siempre no hallé respuestas. Con lo que me dije que yo también me había dejado llevar por las emociones y por la intuición. Mis percepciones me decían que estos dos podían ser una buena pareja de baile, otra cosa diferente iba a ser la modalidad de baile en la que se pusiesen de acuerdo a realizar.

Capítulo 16

Después de hacer una merienda cena salimos de la casa familiar de vuelta a la ciudad. Irene tomó el volante para ser mi choferesa. Siempre hacíamos lo mismo, el viaje de ida conducía uno y en el de vuelta el otro. Esto me permitió que me tomase el regreso con más tranquilidad y poder pensar en todo lo que habíamos hablado el abuelo y yo.

Mi experiencia con las chicas era nula o casi nula salvo cuatro escarceos en mi época de bachiller y una relación de unos escasos meses en los primeros años de carrera. Inma ya no era una chica del estilo de las estudiantes, era una apuesta mujer, independiente, más mayor que yo, con una vida profesional propia, adulta y como decían los de mi cuadrilla, muy bonita.

Inma pertenecía a un grupo de mujer muy especial. Muy simpática y agradable en el trato pero al tiempo la percibía muy inaccesible. Me preguntaba ¿Qué interés podría despertarle con mi curriculum de relaciones?

—¿En qué estás pensando tan calladito? —me interrumpió Irene.
—En nada especial. Estaba pensando en el jardín.
—Estas muy ilusionado con ese proyecto ¿Eh?
—Si Irene. Me hace mucha ilusión.

Aunque Irene y yo no teníamos secretos entre nosotros no estaba en condiciones de confiarle mis pensamientos reales en estos momentos y dudaba de estarlo en algún momento. Existían en mí ciertas mordazas ético morales de las que no estaba todavía preparado para desprenderme.

—Tu conduce tranquila que igual me hecho un sueño.

En realidad lo que deseaba era cerrar los ojos y aislarme. Intentar soñar despierto pero con los ojos cerrados. Dejé volar mi imaginación y empecé a hacerlo de la mano de mi inconsciencia. El recuerdo grabado en mis retinas de aquella barbacoa no se hizo esperar. Las imágenes acudían a mí y se repetían, retomándolas de mis recuerdos, adobadas con el color blanco de sus pantalones cortos. La sensualidad de sus piernas y sus gestos acabaron alterando mi espíritu ya de por si algo endeble y taciturno. Acompañado por el vaivén del coche me acabé sumiendo en una placentera somnolencia muy agradable, dando total libertad a la imaginación para trasladarme a escenarios y situaciones aún no vividas.

—Raúl ¿Te has dormido?

La voz de Irene me sobresaltó sacándome en una fracción de segundo de mi estado de bienestar.

—Parece que me quedé adormilado. La culpa es tuya por conducir tan bien.
—Eres un pelota. Si te crees que por que me eches flores voy a conducir siempre, vas equivocado.
—No lo digo por eso. Simplemente que me quedé en trance. ¡Que corto se me ha hecho el camino! Casi ya hemos llegado.
—Sí. Por eso te avisé. Te acercaré a casa.
—Gracias Irene, gracias. No pensaba que me fueses a dejar tirado en mitad de cualquier calle.
—¿Estas de guasa? Provócame y verás dónde te dejo.

Me lo dijo en tono burlón, sabía que no llegaría la sangre al río con Irene. En cinco minutos ya estaba en la puerta de casa, me despedí y se marchó sin más que un gesto con su mano izquierda enfocando a su oreja con su dedo pulgar y meñique extendidos y un... ¡Nos llamamos!

Subí a casa y no había nadie, me extrañó y miré mi reloj. Como ya habíamos medio cenado con el abuelo y no iba a tomar nada más, pensé dedicar una hora a trabajar un poco en un proyecto que nos habían encargado. Era uno de mis primeros trabajos profesionales y como ya no podía contar con la ayuda de mi experto abuelo lo tenía que resolver por mí mismo.

El tiempo pasó rápido y la hora que me había propuesto se había esfumado en un santiamén. Recogí todo para podérmelo llevar al día siguiente al estudio y en unas hojas en blanco garabateé un boceto de las primeras ideas que hoy había tomado del jardín. Intenté que quedase chulo tenía que lucirme para poder tener un tema de conversación que me permitiese romper el hielo. Precisaba rodearme de una argucia en la que me pudiese sentir seguro, en mi terreno y que a la vez pudiese generar una conversación informal con Inma.

Una inquietud interior se apoderó de mí. Se me apelotonaban las palabras del abuelo con las imágenes de Inma. Aprender a imaginar y dejar que las emociones y la fantasía guíen tus pasos y tus acciones. Debes encontrar tu pareja de baile para aprender los dos. Esas frases me estaban martilleando las neuronas. Tenían mucho contenido. Entendí que era más una cuestión de actitud y de usar una parte de mí que hasta ahora no la tenía muy desarrollada por la falta de práctica. Cuando se quiere conseguir algo es prioritario hacer una visualización de lo que se pretende conseguir. Con esa premisa me saque la ropa, me puse el pijama y me metí en la cama a dormir.

Capítulo 17

Charly me llevaba de camino a las oficinas con su acostumbrada serenidad al volante. Me miró a través del espejo retrovisor.

–Franc, ¿Todo bien? Por un momento me pareció ver que tu cara se había desencajado cuando te vi saliendo del portal.
–Sí. Todo bien. Gracias por preguntar Charly. Un poco cansado del viaje pero bien. Para el coche un momento frente al quiosco, quiero comprar un periódico.
–Ok jefe.
–Lo que te digo Charly, cansancio del viaje.

¿Qué le iba a contar? Sería la comidilla de toda la empresa si se supiese que tenía encuentros con Mar. Tenía que tomar más medidas de seguridad al respecto. Iba a cambiar el tema de la recogida del correo en mi antiguo despacho y tenía que inventarme gestiones diversas para entretenerla mañana y poderla tener a mi alcance cuando se me antojase. Aunque a la vista de lo que había sucedido hoy quizás se estaba presentando la oportunidad de terminar.

No iba a ocupar mi mente en eso ahora, tenía temas que resolver y tomar decisiones en breve. Dimitri necesitaba en la distancia saber que todo iba sobre ruedas y se me iba a echar encima si no le mostraba que la situación estaba controlada. Aún no hacía ni dos horas que había llegado y ya me estaba presionando yo mismo. Baje la ventanilla del coche para tomar aire fresco y oxigenarme. La presión del enfado era grande. Si no hubiese sido porque Charly estaba esperando y hubiera levantado suspicacias haber tardado más de lo necesario, habría tenido algo más que miradas con Mar. Me pilló por sorpresa su presencia y no me gustó nada lo que vi. Me transmitió una sensación que no me había gustado sentir.

Me entretuve ojeando el periódico mientras Charly me llevaba. Me dejó en la puerta principal y me dijo que me esperaría allí. Bajé del coche oficial, cogí el otro tubo y me fui directo al ascensor.

Saludé a la telefonista que estaba haciendo las veces también de recepcionista. Aproveché que la puerta del ascensor estaba abierta para entrar de un salto y apretar el botón de la tercera planta. En el silencio del ascensor me taladró una de las frases que le dije a Mar, "ya hablaremos de esto"

Por fin se abrió la puerta del ascensor.

Astrid con sus quehaceres no advirtió que ya había llegado. Pasé por su mesa como el rayo y le dije que la esperaba dentro en mi despacho con la libreta de notas. Sin entrar en detalles le di el tubo de los supuestos planos para que lo custodiase junto con la documentación de mi antiguo despacho. Pensé que sería un buen lugar donde aparentemente guardarlos. Le entregué el pen para que me hiciese dos copias mientras abría mi ordenador y le enviaba un correo a Dimitri.

> **DE: franccirera@navaldinamic.com**
> **A: Dimitri247@mail.ru**
> **Asunto: Gracias por el viaje.**
> **Mi querido amigo, hemos llegado a destino en perfecto estado. Me ha encantado tu utilitario, me lo vas a tener que dejar algún día más. Las niñas están en perfecto estado, mañana empiezan su escolarización.**
> **Saludos**
> **Franc.**

—Franc las copias ya están ¿Qué hago con ellas?
—Perfecto. Quédate con una y la guardas en la caja fuerte. Solo me la

puedes entregar a mi o a Dimitri si te la pidiese.

—¿Quieres que la guarde ahora mismo?

—Si por favor.

Mientras se fue para guardar el pen drive donde le había dicho me apresuré a guardar uno en el primer cajón de mi mesa, donde tenía todo el tema de material para la escritura y el otro, el original, me lo guarde en el bolsillo de mi pantalón. El lugar más seguro que conocía por delante de cajas fuertes y demás enseres de seguridad.

—Astrid ¿Ya estás?

—Si, ya vengo —dijo entrando por la puerta del despacho.

—Toma asiento, por favor. Tenemos mucho trabajo y te voy a necesitar al cien por cien.

—Cuenta conmigo. ¿Qué sucede?

—Que si no teníamos poco con el tema del suministro de combustible ampliamos el negocio. Vamos a hacer barcos de gran calado. Por lo pronto organízame una reunión para mañana a primera hora con el jefe de taller y los ingenieros. Diles que desayunaremos y comeremos juntos.

—Perfecto.

—Astrid, para que no se inquieten, les dices que hay nuevos proyectos y que necesito tratarlos con ellos para planificar en la medida de lo posible un plan de trabajo.

—Déjalo de mi cuenta – dijo Astrid. Les transmitiré la idea.

La dejé tomando sus apuntes y me fui. Antes de volver a casa tenía la intención de hacer otra cosa. Miré la hora en mi reloj al tiempo que apretaba el botón del ascensor para bajar hasta la planta baja. Salí como entré, apresuradamente.

Que Charly me estuviese esperando en la puerta de entrada me resultaba muy cómodo, me ayudaba a acelerar los asuntos.

Charly con una sonrisa permanente en su rostro me dijo.

—¿Qué Franc, vamos a casa?

—No Charly, antes vamos a hacer otra cosa.

—Tú dirás. Mientras no tengamos que ir a la luna…

–No, no, a la luna no. Vamos a dar una vuelta por el astillero. Quiero comprobar una cosa.

–Ok. De acuerdo. Llegaremos en un instante. Ese camino me lo sé de memoria.

En realidad Charly no solo se sabía el camino sino que además llegamos rápido. A medida que nos íbamos acercando me fui percatando de la rapidez en la construcción del nuevo astillero. Hacía solo tres días que vi como las máquinas removían tierras y ya estaban levantando la estructura base a ritmo Dimitri. Salí del coche para acercarme al que parecía que era el jefe de obra. Su casco blanco lo delataba.

–Buenos días–le dije

–Buenos días. ¿En qué puedo ayudarle?

–Deseaba ver cómo van las obras y cuándo tienen previsto terminar.

–Lo siento señor. Soy el técnico encargado del seguimiento de la obra, no le puedo dar esa información. Reportamos directamente a la promotora. Hable con ellos y le informarán.

–Gracias. Así lo haré.

Me di la vuelta sin preguntar siquiera quien era la promotora. Estaba seguro de quién era el promotor y sus formas de hacer. Me saqué el móvil del bolsillo y llamé a Marta para decirle que en quince minutos estaría de vuelta y me metí al coche.

–¿Qué Franc? ¿Ahora a tu casa?

–Sí. Gracias Charly.

–No me des las gracias. Es mi trabajo.

Retomé el ojeo del periódico y me paré en los horóscopos. El mío de ese día me decía "problemas con su pareja por un asunto de trabajo. Si tiene que hacer un viaje pospóngalo". Me eche a reír. Nunca acertaban los horóscopos pero hoy sus predicciones estaban muy alejadas de la realidad.

Al llegar a casa me pareció raro el silencio. Un silencio sepulcral y ninguna luz encendida. Pensé que Marta se había ido a dar una vuelta. Pero no, en el garaje estaban los dos coches. Además no tenía sentido, la había llamado para decirle que volvía. Acabé entrando e intenté encender la luz de la entrada pero no funcionaba. Ayudado por la tenue luz que entraba de la calle y mi encendedor fui de camino al salón donde poco antes de llegar advertí el titileo de la luz y el inconfundible aroma de la cera caliente.

Marta arrodillada en el suelo en mitad del salón con una túnica sobre ella y algo que no percibía bien y que llevaba entre sus dientes. Tan pronto me acerqué un poco más, descubrí, a través de la penumbra de las velas, de que se trataba. Una cadena que llegaba desde su cuello hasta su boca. Entre sus labios se alojaba el asa de la cadena.

Tomé de entre sus labios la cadena y la hice ir hacía el sofá. Di una palmada sobre el cojín para hacerla subir y subió. Frente a mi estaba la mesa de centro ocupada con el maletín que me había regalado Dimitri, abierto. Marta lo había colocado cuidadosamente durante mi ausencia como un presente. Sus ojos se mostraban llenos de lujuria mientras su lengua humedecía lentamente sus labios entreabiertos y su respiración indicaba su deseo de entrega. La tenía como una perrita a cuatro patas sobre el sofá. La acerqué a mí con un pequeño tirón de la correa. Mi mano hizo una incursión por su entrepierna. El calor que emanaba me indicaba que estaba a punto de explotar. Su estado de excitación la estaba desbordando con su propia humedad y había que ponerla en su sitio. De repente me levanté del sofá y estirando de su correa, la llevé como una perrita tras de mí cogiendo en la otra mano el maletín camino del cuarto de baño. Al llegar dejé el maletín abierto en el mármol del aseo. Le quité la túnica dejando al descubierto un pequeño camisón azul celeste. La metí en el plato de ducha y abrí el grifo. El agua empezó a brotar pegándoselo al cuerpo. Sus pezones erectos y duros resaltaban debajo del tejido del camisón. Excitado por el morbo que me proporcionaba tenerla así me desnudé y entré con ella. La tomé por el cuello con mis manos y acerqué sus labios a los míos.

–Tengo unos labios de tu talla ¿Te los quieres probar?

Me fundí con ella en un largo beso, sus labios cálidos fruto de su pasión y aderezados por las gotas de agua que resbalaban por su cara, estaban exquisitos. Le separé de mí para poner en sus manos el jabón y la esponja.

–Tienes un trabajo especial. Debes asear a tu Señor.
–Con sumo gusto "Mi Señor"

Cerré el grifo mientras ella echaba unas gotas de gel en la esponja, amasándola hasta obtener espuma. Le di la espalda, no hay nada más placentero que te enjabonen y al mismo tiempo te rasquen la espalda con la suavidad de una esponja. Enjabonó todo la parte superior de mi cuerpo. Para la parte inferior tuvo que agacharse con lo que acabo arrodillada. Prestó mucha atención en esa parte centrándose mucho en el objeto de su placer, atendiéndolo con suma delicadeza y cariño. Levantó una de sus rodillas del plato de ducha para apoyarse sobre su pie cuando estaba enjabonando mis piernas. Levantó uno de mis pies y lo situó sobre su rodilla para darle un buen masaje jabonoso con la esponja y luego con sus manos. Hizo lo mismo con el otro pie, para que no tuviesen celos entre ellos según dijo.

Cuando consideré oportuno abrí de nuevo el paso del agua caliente. El jabón que había en mi cuerpo inició el camino sinuoso hacia el desagüe mientras Marta se estaba empapando de nuevo. Me empalme fruto del calor del agua asociado a la visión que tenía de ella, inmóvil recibiendo el agua sobre su pelo y resbalándole por todo su cuerpo. No pude evitar la tentación y sujeté su cabeza con mis dos manos. Mi glande fue a parar delante de sus labios. Ella se abalanzó y la tuve que frenar. Debía de entender que no era cuando ella quería sino cuando yo lo desease, en ese justo momento, ni antes, ni después. Me agaché, agarré su camisón por los tirantes y estiré de él con la idea de rompérselo. Lo rasgué tirándolo al suelo, dejándola totalmente desnuda. Se vio sorprendida por el arrebato con el que había roto su ligera vestimenta. Al levantarme si, entonces mis manos tomaron de nuevo el control de su cabeza. Mi verga en total erección se acercó a sus labios, que entreabrió. Esta vez supo controlar su natural impulso y espero. Sentí como su respiración alterada se calmaba con inspiraciones profundas y su deseo quedaba contenido a la espera que le ofreciese la oportunidad de ser saciada.

Capítulo 18

Me había quedado dormido. Tuve que salir de casa precipitadamente para llegar a tiempo a la reunión de hoy, era importante y no debía de llegar tarde. Se me habían pegado las sábanas como nunca. Aún no me había recuperado del día anterior, en especial de la noche donde tuve aperitivo antes de la cena y un rico postre después. Martita estuvo muy juguetona durante la cena. Desde que conoció la habitación secreta de Dimitri estaba fuera de sí. Estaba muy desconocida para mí pero me estaba gustando mucho ese cambio.

De camino a las oficinas con mi 4 X 4 nuevo, me vino a la luz el cómo organizar todo este asunto de "las niñas" sin menoscabar la continuidad de los proyectos en curso. Lo primero de todo era mostrar a los ingenieros y al jefe de taller el nuevo proyecto para que sobre el papel tuviesen la oportunidad de hacerse a la idea de su envergadura. Era esencial que los técnicos pudiesen valorar sus presupuestos de trabajo. Se me ocurrió distribuir la reunión de la mañana en fases. Una primera, antes del desayuno para hacerles la presentación y darles a entender la importancia de la discreción y el secretismo que debía envolver a todo el desarrollo operativo. En especial hacia quien estaba destinado el encargo.

Hablarles también de las nuevas instalaciones y comentar sin entrar en detalles de las nuevas dotaciones tanto materiales como humanas que habría que hacer. En la segunda fase, después del desayuno y hasta la hora del almuerzo tendría que dejarles meterse en la materia con el análisis de los planos y la memoria constructiva y sus especificaciones. Y finalmente dejar para después del almuerzo todas las cuestiones relativas a como configurar los nuevos equipos de trabajo a partir del desdoblamiento de las personas operativas en estos momentos y de las dotaciones en materia de herramientas y maquinaria. Sería importante hacer un presupuesto en todas esas cuestiones atendiendo el desconocido plazo de entrega de la nueva nave y los tiempos que fuesen precisos para su puesta en marcha. En cuanto a la idea de organizar un calendario de fechas y plazos iba a proponer partir de una hipótesis en la que desde un día X se pudiese ir configurando de tal forma que pudiese avanzar una aproximación de los plazos de entrega de la primera unidad.

Cuando llegué a la oficina le pedí a Astrid que estuviese con nosotros en la reunión. Ella tenía experiencia sobrada cuando trabajaba para el Sr. Durán y sus aportaciones podrían ayudar mucho. Empezaron a llegar los ingenieros y el jefe de taller y se fueron acomodando en la sala de juntas. Astrid ya había organizado la sala para estar cómodamente además de incorporar un portátil, un proyector y una pantalla. Buena iniciativa, pensé.

Empecé poniéndoles al día de la marcha del astillero y del nuevo proyecto. Sus rostros mostraban una gran satisfacción. Les hice sentir los protagonistas del éxito, porque en verdad, por lo que se refiere a la producción, ellos iban a ser los artífices de ese éxito y les correspondía por tanto ser los destinatarios de la felicitación. Hicimos la primera pausa para el desayuno. Astrid lo tenía todo previsto. Llamo por el interfono e instó a que nos trajesen lo que habían preparado.

Cuando vi a Mar entrar en la sala de juntas con el carrito de los cafés sentí un pinchazo en mí interior. Al entrar clavó sus ojos en mí, a pesar de todo la ignoré intencionadamente, ni era el momento ni la ocasión de demostrarle nada. Vi como agachaba su mirada y siguió sirviendo las tazas casi sin mirar a los asistentes. Luego colocó unas bandejas dulces y saladas en el centro que habían encargado en una pastelería de prestigio y se fue sin mirar atrás.

Después del desayuno empezó el despliegue de tecnología. Instalé el pen drive en el USB del portátil, abrí el proyector y apareció un menú en inglés donde en primer lugar estaba la memoria técnica. Le pasé el ratón al ingeniero jefe para que entre ellos fuesen visualizando los aspectos más técnicos del proyecto. A partir de ese momento me coloqué en un prudente segundo plano, para dejarles tomar consciencia de la magnitud del encargo. No quise perder detalle de sus observaciones. El resto de la mañana pasó en un santiamén desbrozando los enigmas de aquel galimatías.

Astrid se había encargado previamente de hacer una reserva en un restaurante cercano. A eso de las dos ya se había hecho una primera revisión general de todos los planos. Se quedaron con las ganas de poder desmenuzar más detalles, con la propia memoria técnica ya quedaba bien explicados los parámetros del proyecto, así que les dije que ahora tocaba hacer un receso y que por la tarde desmenuzaríamos todo el tema de infraestructuras, instalaciones, maquinaria y recursos humanos.

Como no cabíamos en el ascensor para bajar a comer hicimos dos grupos, conmigo bajo Astrid y el Jefe de Taller, el resto bajó en el siguiente turno. Cuando pasamos por recepción yo iba charlando con el Jefe de Taller y advertí la mirada de Mar pero pasé de largo mostrando mi total indiferencia.

Mientras íbamos caminando hasta el restaurante, al que llegamos, fuimos compartiendo alguna que otra sonrisa cómplice fruto de la necesidad de establecer nexos de corporativismo. Astrid había reservado la mesa, así que deje que se adelantasen a ocuparla, lo que me dio la oportunidad de quedarme un poco rezagado. Me fijé en una tienda justo al lado del restaurante. Hubo algo que vi en el escaparate que me llamó la atención y entré. La dependienta que me atendió me dijo que ellos mismos realizaban el engarzado de las circonitas y que en pocas horas lo podría tener. Así que me decidí hacer el encargo con la idea de llevar a cabo mi antojo convertido en una sutil perversión. Me enamoré de un precioso collar negro de piel que se ajustaba con tres hebillas al cuello con lo que no precisaba tener las medidas exactas. Hice que le pusiesen brillantes para formar su nombre pero con una delicada sutileza, por un lado "Mar" y por otro "ta" de tal forma que solo se pudiese leer el nombre completo cuando estuviese ajustado al cuello y se uniesen las dos partes. Pagué mi capricho y me dieron una tarjeta para poderlo recoger esa misma tarde a partir de las cinco. Cuando entré en el restaurante ya estaban todos sentados esperándome, me habían reservado un lugar preferente en la mesa, la cabecera.

Durante la comida estuve pensando en mi ocurrencia mientras mostraba una sutil sonrisa a los chistes de los que intentaban ser graciosos. Cuando nos sirvieron el segundo plato el ambiente era totalmente distendido, el efecto del vino empezaba a hacer efecto. Aproveché el momento para decirle al Jefe de Taller, que estaba a mi lado, que contaba con él para coger las riendas del nuevo astillero. Me miró con cara de sorpresa, no se esperaba mi propuesta aunque ya debería haber advertido de mis intenciones. Que estuviese en la reunión ya le debería haber dado alguna pista.

Al llegar a la sala de juntas le entregué a Astrid la tarjeta para que diese instrucciones para ir a recoger mi encargo a la tienda antes de las seis. Para mí era muy evidente quién lo iba a ir a recoger, precisamente esa era la idea, que fuese Mar a recoger mi regalo para Marta. Saboreaba la maquiavélica idea cargada de perversión con ello conseguía cumplir el propósito que me hice al bajar del ascensor. Astrid se ausentó unos instantes para dar curso a la tarjeta y que recogiesen mí compra. Una vez lo hizo se incorporó a la reunión.

El tema candente y a la vez la pregunta era ¿cuándo íbamos a tener operativo el nuevo astillero? La inquietud por esa pregunta se generalizó con lo que tuve que intervenir para sosegar los ánimos. Les dije que el hecho de no tenerlo a nuestra disposición era una ventaja ya que nos daba tiempo a adquirir la maquinaria nueva sin prisas y lo más importante el poder hacer una adecuada selección de personal. En ese sentido pedí una aproximación en número y cualificaciones. Uno de los ingenieros, el que estaba sentado al lado del Jefe de Taller, cogió un folio y juntos empezaron a garabatear la hoja mientras hablaban entre ellos al tiempo que iban manifestando sus conclusiones.

Cabría la posibilidad de desdoblar la plantilla de técnicos y operarios actual creando dos grupos, unos que se quedan en el actual astillero y otros en el nuevo, incorporando las nuevas contrataciones en ambos grupos. Así la transmisión de la forma de trabajo y del "savoir faire" sería mucho más rápido y eficiente.

A las siete de la tarde ya había un listado de aproximación del número de técnicos y operarios que había que contratar con lo que creí oportuno dar por finalizada la reunión, el día había sido muy provechoso y nos habíamos ganado un merecido descanso.

Al salir de la sala de reuniones pasé por la mesa de Astrid y vi un paquete con forma de regalo. Intuí que era mi encargo pero preferí esperar a que me lo entregase ella, no fuese a ser que me equivocase. Ella salió detrás de mí y me llamó antes de llamar al ascensor.

–Franc, te dejas tu encargo–dijo Astrid.
–Gracias Astrid. Ya no me acordaba –mentí deliberadamente.

Me lo entregó y estiré la mano para recogerlo sin darle la menor importancia. Mientras bajaba en el ascensor se me ocurrió una tropelía que cumplí. Tan pronto llegué a la planta baja salí del ascensor blandiendo el paquete como si fuese un abanico. Al pasar por delante de Mar me miró de soslayo sin poder disimular su ansiedad. El castigo de mi indiferencia estaba haciendo mella en ella y me estaba gustando llevarla a ese punto. Estirar de la cuerda sin tensar demasiado, lo suficiente para que se diese cuenta de lo que podía o no podía hacer y del despropósito que había sido encontrarla en nuestra mazmorra.

Al llegar a casa llamé a Marta desde la puerta de entrada. Acudió con suma rapidez, como si me estuviese esperando. Zarandeé en alto el paquete que llevaba en las manos por encima de ella obligándola a estirar los brazos para poderlo coger.

–Es un regalito para ti – le dije.

Sonrió. Se le puso esa cara de felicidad que a todas las mujeres se les pone cuando son obsequiadas y empezó a desenvolver el paquetito. Apareció una cajita con una tapa transparente. La primera impresión fue ver los cristalitos de circonita con la primera parte de su nombre "MAR". Me gustó la sutileza y la asociación de ideas, causa de ese regalo. Sacó la tapa y se aprestó a retirarlo de la caja para mostrarlo, alzándolo por encima de su cabeza.

–¡Qué bonito Franc! Cuando me lo pongas y me lo abroches quedará mi nombre en brillantitos. Es precioso y muy original. ¿Me lo pones?
–Lo he comprado para ocasiones especiales.
–Bueno, si quieres puedo hacer que sea ahora una ocasión especial.
–¡Atrévete!

SHARK

Capítulo 19

Me sentía bastante mal. Aturdida por sus reiteradas muestras de desprecio, ignorándome. Me dolía el alma por ello y no sabía qué hacer. Sabía que no había obrado bien. Mi primer error fue invitar a Pilar a subir a su antiguo despacho y permitir que alguien más conociese de la existencia nuestro reducto secreto, el segundo error fue dejarle toquetearlo todo y el tercero no haberle dicho a Franc lo que había sucedido con antelación para no verme pillada como me vi. Hubiese preferido un castigo físico antes que ese estado de no saber dónde estar. Mis emociones descolocadas y que decir de mí sentir, la sensación permanente de estar pisando arenas movedizas y que en cualquier momento me iba a caer.

> –Mar ¿Estás bien? Creí que te habías recuperado de lo de ayer. –me preguntó Sara sacándome de mis cábalas.
> –Si Sara, muchas gracias por preocuparte de mí. Estoy bien. ¿Quieres un café?
> –¡Hum! Sí, por favor.

Preparé un par de cafés y me dispuse a compartir unos minutos con Sara en el instante que el ascensor abrió sus puertas en la planta baja.

Astrid bajó para entregarme la tarjeta de una tienda a la que debía ir esa misma tarde a recoger un encargo personal de Franc. Miré la dirección, estaba relativamente cerca por lo que pensé en ir caminando.

Astrid tomó el ascensor dejándonos nuevamente a solas momento que aprovechamos para disfrutar del café que había preparado.

—Llevas unos días desconocida Mar.

—¿Por qué dices eso Sara?

—No sé cómo explicarlo pero te veo muy pensativa, como si tuvieses una lucha interna de la que no quieres hacer partícipe a nadie.

—No es nada Sara. Gracias por preocuparte por mí. Quizás eres la única que lo hace.

—No te voy a interrogar Mar. Solo quiero que sepas que cuando necesites una amiga aquí me tienes.

—Muchas gracias Sara. Lo tendré en cuenta. Ahora me termino el café y salgo para ese encargo que me ha hecho Astrid. A ver si hoy puedo salir puntual. Tengo ganas de llegar a casa.

—Bueno, no te preocupes si la reunión acaba pronto ya sabes…

—Genial

Acabé el café y la conversación. Necesitaba imperiosamente salir a la calle, me estaba asfixiando y precisaba recibir en mi cara una bocanada de aire fresco que me hiciese circular la sangre. Salí de las oficinas y mientras iba caminando hacia la tienda, mi mente se retaba a si misma con preguntas y represuntas. ¿Por qué? ¿Por qué no podían ser las cosas como al principio? ¿Qué había sucedido? ¿Y si abandonaba esa relación? Joder, eso era impensable. La sola idea me derrumbaba. ¿Cómo podría intentar reconducir esa situación? ¿Le enviaba un mensaje? Si lo hacía la iba a cagar otra vez con los putos mensajes. Resoplaba buscando un camino para intentar arreglar las cosas pero no lo encontraba.

Cuando llegué a la tienda me paré delante de la puerta y remiré la dirección en la tarjeta para cerciorarme que estaba en el lugar correcto. Entré y presenté la tarjeta a la dependienta que se retiró a la trastienda en busca del encargo.

Al volver me mostró una caja con la tapa transparente por donde se veía el nombre de Mar rotulado con cristales de circonita. Me preguntó la dependienta si lo quería envuelto para regalo y le dije que sí. Pensé que aunque fuese para mí me hacía ilusión desenvolver el paquete. ¡Qué sorpresa! Algo dentro de mí se removió. Era un regalo para mí. ¡Qué idiota que había sido!

Me había ofuscado, mis miedos me habían atacado y de qué manera. Estaba claro que él había planeado todo aquello para mí. No cabía otra interpretación y me aliviaba pensar así. Todos mis pensamientos negativos e inútiles se desvanecían por momentos. Tomé el paquete y salí de la tienda camino de la oficina. La ilusión volvía a mí.

Regresé a las oficinas, saludé a Sara y tomé el ascensor para subir a la tercera planta y entregarle el encargo a Astrid. No estaba en su mesa. Me extrañó, supuse que estaba en la reunión así que tome un papel y le dejé una nota encima de paquete. Me di la vuelta y bajé a la recepción con el ánimo mucho más tranquilo. Volvía a ver la luz. Él iba a mostrarme de nuevo el camino y me iba a sacar del desconcierto en el que me había sumergido.

Me pasé el resto de la tarde mirando compulsivamente el reloj de pared. Mi impaciencia se acrecentaba a medida que pasaban los minutos. Pasadas las siete de la tarde di un respingo en mi silla, las puertas del ascensor se abrieron. Mi impaciencia por verlo se truncó en ansiedad cuando vi la frialdad en sus ojos. Ni tan siquiera me miró. Me jodió mucho que pasase por delante de mí sin un cruce de miradas y jugueteando con el paquete que me había hecho ir a recoger Astrid.

Me quedé con la rabia entre los dientes y mis ojos a punto de estallar por las lágrimas que llevaba horas conteniendo. No podía enviarle mensajes de whatsapp para no comprometerlo y los correos habían quedado clausurados por razones de seguridad. No me quedaban recursos para comunicarme con él. Abrí en mi ordenador el correo electrónico dispuesta a escribirle uno y descargarme.

De: mar_37@gmail.com
A: sirfranc@hotmail.com
Asunto: Ayúdeme

Me quedé parada mirando la pantalla, pensando en que decir y cómo decirlo. Estaba rabiosa por no haber recibido ni un solo mensaje en el móvil desde que volvió de Moscú. No habíamos cruzado palabra desde nuestro encuentro en la mazmorra y su frase lapidaria, y en lo poco que nos habíamos visto en las oficinas tampoco habíamos hablado. Quería decir mucho pero las palabras que reflejaban mis sentimientos no salían, mis dedos agarrotados sin tocar ninguna tecla permanecían apoyados sobre ellas. Iba a empezar con un breve saludo pero me quedé frenada de repente por el recuerdo de su recomendación de no usar el correo electrónico. Acabé por cerrar el intento de correo electrónico y anular el borrador para que no quedase ninguna muestra de mí intento.

Me moría de ganas de decirle "Te necesito cabrón" "Eres mi droga y te quiero en vena" Iba a tener que esperar a encontrar la ocasión oportuna para desahogar toda mi rabia contenida.

Capítulo 20

Llegó el día D hora H. Estábamos a miércoles e iba a ver al abuelo por la tarde. Cogí el teléfono de nuestro estudio de ingeniería y llamé a Irene.

–¿Irene?
–Dime Raúl.
–Te llamo porqué hoy voy a ver al abuelo. ¿Vas a venir?
–No. Hoy no puedo. Ya he quedado. ¿Por qué no me lo dijiste ayer?
–Lo siento Irene, se me pasó. No pensé que pudieses haber quedado.
–Bueno Raúl no pasa nada. Otro día será.

Me despedí de Irene y colgamos. Mi plan había salido a la perfección. De momento mi primer objetivo estaba cumplido. La verdad es que me incomodaba mucho pensar que Irene pudiese estar dando vueltas por allí mientras intentaba poner en práctica mis estrategias. La idea era conseguir llamarla lo suficiente tarde como para que ella ya tuviese un plan y me había salido bordado.

La noche anterior la había pasado planificando en vez de dormir. Dando vueltas en la cama con mucha inquietud. El sudor frío provocado por mi nerviosismo hacía que me destapase y que me volviese a tapar cuando me enfriaba. Esa acción la repetí por lo menos veinte veces. Al final acabé rendido, sucumbiendo al sueño, vencido por mi inquietud interna.

Merodeaba en un lugar envuelto en un vapor cálido, donde no veía más allá

SHARK

de un metro de distancia. Me sentía bien arropado por el calorcito de la bruma. No distinguía si estaba en un baño muy grande o en una piscina cubierta. No tenía frío y no tenía la sensación de necesitar estar vestido pero sentía que lo estaba. Me percaté que llevaba un albornoz blanco que cubría mi cuerpo y que estaba anudado a la cintura con un ancho cinturón. Tropecé con una hamaca blanca. Una figura femenina se vislumbraba a través de la neblina. Su uniforme era inconfundible, unos pantalones blancos con cinturilla de goma y una camiseta también blanca de manga corta metida por dentro del pantalón. Parecía una enfermera. Me resultaba difícil descifrar su rostro.

Se acercó más hasta colocarse detrás de mí. Su voz me decía que era un jovencito muy apuesto. Que debía seguirla porque ella iba a marcar el ritmo de la música y yo era su aprendiz de baile.

Me abrazó por la espalda y llevó sus manos a mi cintura. El calor y la humedad de sus labios jugueteando con mi cuello y sus dientes mordiendo el lóbulo de mi oreja pusieron a mi cuerpo en órbita. Me sentía muy bien, inmerso en una sensación de felicidad completa. Seguía sin ver su rostro. Quien fuese la visitante anónima que estaba detrás de mí no se andaba con contemplaciones. Sin apartar sus manos de mi cintura me apretó con todas sus fuerzas contra ella hasta grabarse en mi espalda el contorno de su cuerpo. Deshizo el cinturón anudado a mi cintura y me lo quitó para poder entreabrir mi albornoz. La sensación de sentir la voluptuosidad de sus tetas apretadas contra mí y el roce del albornoz en mi pene al entreabrirlo me puso en la senda de una tremenda erección. Empezaba a gustarme su música y ya solo esperaba empezar a aprender a bailar.

Acarició con sus manos la piel tersa de mi miembro lo que hizo que se tensase aún más si ello era posible. Me hizo doblar los brazos y entresacó el albornoz pasándolo por mis hombros para dejarlo retenido en mis codos, ordenándome que no lo dejara caer bajo ningún concepto de esa posición. Se apartó de mi espalda y se puso frente a mí. Su camiseta dejaba adivinar el contorno de sus aureolas remarcadas que mostraban la sobresaliente dureza de sus pezones. Entonces me di cuenta de sus verdaderas intenciones. Tenía mis brazos totalmente inmovilizados con la treta del albornoz para tenerme a su total disposición, tomó el cinturón entre sus manos y lo ató a mi polla que en esos momentos estaba a reventar. Estiró del otro extremo del cinturón, creí que era para asegurarse que estaba bien anudado, lejos de mis pensamientos, estiró para pasearme. Me hizo dar una vuelta entera a la hamaca y cuando me tuvo en la parte de los pies me hizo recostar. Tumbado, con los brazos inmovilizados por su maniobra con el albornoz, agarrado a la hamaca con las manos siguiendo sus instrucciones y con el cinturón colgando de mi apéndice masculino. Se quedó de pie admirando su obra, observando mis reacciones, alentando el morbo de la situación.

Decidida deshizo el nudo que había hecho con el cinturón y jugueteó con el cogiéndolo por los dos extremos y pasándoselo por su espalda. Por fin me creí liberado. Instintivamente recogí mis piernas doblándolas, creo que no le gustó, no tardé en sentir como anudaba de nuevo un extremo del cinturón, pero esta vez atando uno de mis tobillos a una de las patas de la hamaca. Me mostró burlescamente el otro extremo del cinturón jugueteando con él como si fuese un molinillo de viento, lo paso por debajo para repetir la operación en la otra pata de la camilla y con el trozo que le quedó libre lo anudó a mi otro tobillo. Quedé inmóvil a merced de sus deseos y caprichos. Me sentía como un juguete, su juguete, me quedó claro que iba a usarme para jugar. Ella de pie, observando con sus brazos cruzados, degustando el instante y alargando la espera.

Seguía sin poder ver su rostro aunque adivinaba su mirada lasciva recreándose con la contemplación, saboreando el momento de iniciar su ofensiva, relamiéndose por satisfacer su ancestral deseo primario y convertirme en su compañero de baile. Se dejó caer arrodillada. Empezó a conjugar el roce de sus labios y su lengua contra mis rodillas de forma alternativa. Su ímpetu la llevó a ir ascendiendo por mis muslos tensando mis pocos recursos. El calor de sus labios me puso al extremo de reventar. Un pellizco en mi entrepierna hizo frenar mi furor. De su garganta salió un sonido gutural y su primera orden verbal. No te vas a correr sin mi permiso.

Al parecer en eso consistía el baile. Uno marca el paso y el ritmo y el otro sigue vehemente los dictados de su mentor sin saltarse ni un solo compás. Estaba inmerso en esa meditación cuando recibí mi primera descarga de adrenalina en el momento que sentí como acariciaba con sus labios mis genitales. En un primer asalto se dedicó a lamerlo y saborearlo sin dejarse ni un milímetro por repasar. En su segundo asalto, le escupió varias veces, cada vez que lo hacía me miraba a los ojos. Repartió sus fluidos bucales con su lengua para usarlos como lubricante natural. En su mirada quedaba patente que me iba a follar. Cuando decidió que había llegado el momento se desnudó de cintura para abajo se subió a la hamaca poniendo un pie a cada lado y se dejó caer lentamente sobre mi cuerpo inmóvil. Retomó con sus manos mi pene y apuntó mi glande hacía la entrada de su vagina. Se quedó un rato jugueteando con mi polla en las puertas de su paraíso púbico, ensayando el abrazo de sus labios vaginales con mí prepucio. Sentía como resbalaba su humedad a través de mí y el calor que su coño desprendía. Hizo una sentadilla y mi polla se deslizó a las profundidades del placer, al abismo de la lujuria que aquella mujer impersonal me estaba llevando. Se quedó inmóvil sobre mí, mirándome con soberbia y altivez, puso sus manos planas sobre mi pecho para apoyarse y poder tomar impulso. Sentí la presión de sus manos sobre mis costillas cuando se retiró, sacándome de su maravillo coño y del abrazo de sus paredes vaginales. Repitió la jugada cabalgándome tres o cuatro veces, perdí la cuenta. Intente sujetarla por las caderas, pero sus manos se retiraron de mi pecho para agarrarse a mis pezones y pellizcarlos, y mientras los retorcía me recordaba que no debía moverme ni podía correrme hasta que ella me lo ordenase. Contuve mi respiración para poder soportar la combinación de dolor y placer que me estaba proporcionando y al mismo tiempo intentar obedecer su orden de no eyacular.

Liberó mis pezones de la presión de las pinzas que había fabricado con sus dedos y se dejó caer sobre mí para quedarse parada. Supuse que deseaba sentirme dentro de ella. No iba desencaminado en mi suposición aunque tuve que vivirlo para conocer el final de aquel acontecimiento excepcional donde se entremezclaban sensaciones de realidad y ficción. Sus manos dejaron de pellizcarme para llevárselas a su garganta. Se acarició y se agarró con las dos manos del cuello de su camiseta y de un tirón seco la desgarró abriéndose a mi vista la séptima maravilla de su universo. A través de la rasgadura que hizo en su camiseta aparecieron con deseo de libertad sus dos esplendidos senos. El aroma que desprendían inundó mis sentidos. Sujetándose las tetas con sus manos empezó a acariciarlas y presionarlas contra ella al tiempo que se levantaba y se volvía a sentar sobre mi polla. Tuve que cerrar los ojos y perderme el espectáculo visual para no correrme por el placer que me proporcionaban sus acciones. Un calor placentero recorrió mi espina dorsal para anunciarme lo que ya era irrefrenable. Con sus subidas y bajadas, el roce continuo de aquel ardiente coño sobre mi polla me estaba llevando al límite de mi resistencia. Cada subida venía acompañada de su bajada dejándose caer sobre mí, sintiendo el súbito golpe de sus labios abiertos sobre mi pubis. ¡Córrete! Dijo, aprisionando mi polla con su vagina. Obedecí al instante. Mi naturaleza ya me había avisado que no me quedaba mucha cuerda más y descargué dentro de ella mientras se regodeaba por haber conseguido retenerme lo suficiente para recibir mi corrida cuando ella la deseaba recibir.

Se dibujó una sonrisa en mi cara al recordar el sueño que aquella noche me había llevado a eyacular en la cama entre las tinieblas de mis sueños.

Ya me había tomado un par de cafés en el estudio de ingeniería pero aquello no mejoraba ni por asomo, había dormido poco y mi cuerpo se hacía de rogar. Decidí que al mediodía bajaría al bar a comer algo rápido y tumbarme un rato en el sofá del estudio aprovechando que mis socios de trabajo se iban a sus respectivas casas a comer.

A eso de las cuatro, cogí el coche y emprendí el camino hacia la masía.

Ya solo me quedaba recorrer el último tramo del camino y llegar al aparcamiento de la masía. Suerte que había dormitado un rato y sentía que me había recuperado. El sofá del estudio obraba milagros en solo veinte minutos. Al llegar al aparcamiento advertí la presencia del coche de Inma. En mi mente una forma impersonal, figurada y representativa se estaba frotando las manos. Absurdo, me dije a mi mismo al tiempo que regresaba a la velocidad de la imaginación al mundo real. Aparqué y salí del coche, cogiendo la carpeta con diseños gráficos del jardín, en dirección a la puerta principal. Después de recorrer el pequeño trayecto que me separaba de la entrada, saqué mis llaves del bolsillo y entré. Me encontré con Adela nada más entrar.

–Buenas tardes Adela
–Hola Raúl. Tienes a tu abuelo ocupado con Inma.
–No importa, le esperaré.
–¡Qué le vas a esperar! Pasa y verás la sala de masajes que le hemos montado.
–De acuerdo. ¿Dónde voy?
–Ve, están aquí, en la planta baja. Al fondo. Ya los encontrarás.

Al llegar llamé en el marco de la puerta aunque estaba abierta. Al parecer habían terminado hacía escasos momentos. Me quedé estupefacto al ver a mi abuelo con un albornoz blanco anudado a su cintura e Inma… Inma con un pantalón blanco con la cinturilla de goma y una camiseta blanca de manga corta metida por dentro del pantalón como la enfermera de rostro desconocido de mis sueños. ¿Lo de esta noche había sido una premonición o una revelación?

—¿Ya has llegado Raúl? ¿Cómo está mi chico?
—Estoy agotado abuelo, esta noche dormí muy mal, pero eché una cabezada en el despacho y me recuperé.
—Jajaja ¡que juventud! ¿Quieres que Inma te dé un masaje relajante?

Me quedé de piedra ante su propuesta, y mudo.

—Por mí no hay ningún problema—dijo Inma—como ya he terminado con el abuelo ahora voy a por el nieto. Anda vente para aquí que te voy a arreglar bien.

Me vi tumbado en la improvisada mesa camilla medio en porretas con la única salvedad de mi calzoncillo. Nunca había tenido la necesidad de acudir a un o una masajista, así que no sabía que tenía que hacer o como debía ponerme.

—¿Así que dormiste mal? ¡eh!
—Si, si, muy mal —dije haciéndome el híper dolorido.
—A ver —dijo plantándome sus manos en mi espalda.

Empezó a frotar sus manos contra mi espalda, decía que para que la musculatura cogiese calor. De pronto se paró y se embadurnó las manos con una crema que olía a alcanfor. Las frotó entre sí y se aprestó a frotarme espalda y cuello con aquel ungüento de aroma inconfundible. La cosa se empezó a complicar cuando con sus dedos empezó a tantear donde más me dolía, en los omoplatos y en el cuello. Primero fue una sutil presión hasta que pilló el punto. Ahí se recochineó y empezó a amasarme la carne como si fuese una masa de pan. Sus nudillos ejercían presión en la zona afectada girándolos contra mí siguiendo el movimiento de las manecillas de un reloj para deshacer los nudos del cuello y de la espalda.

Esto te va a poner nuevo, aprende a controlar el dolor pues forma parte del placer, decía mientras yo resoplaba.

—Ya tienes todas las contracturas fuera. ¿Has visto que rápido? Ahora un poco de masaje relajante como premio.

Cerré mis ojos siguiendo sus instrucciones para concentrarme mejor en mi relajación. Decía que era falta de un descanso adecuado y que también podía ser posicional. Dentro de mí conocía los motivos de mi falta de descanso por mis inquietudes nocturnas.

Cuando consideró que había terminado me dijo que me quedase en la camilla sin moverme y que aprovechase para relajarme al tiempo que me tapó con una sábana. Salió unos minutos de la habitación, dijo que para lavarse las manos. Cerré los ojos y acompasé la respiración como me había dicho. Estaba dormitando cuando Inma regresó y su voz me sacó del trance al instante.

—Me ha dicho tu abuelo que vas a diseñar el jardín de la entrada.
—Bueno, lo voy a intentar. He hecho un diseño inicial y luego entre varios de mis amigos haremos la ejecución.
—Nunca he tenido la oportunidad de ver como se hace un jardín. Me gustaría participar. ¿Me enseñas el diseño? Igual te puedo dar alguna idea.
—Vale. De acuerdo. Pero me tendré que vestir antes.
—¡Oh! Desde luego. No estás con el vestuario adecuado. Todo un ingeniero enseñando diseños en calzoncillos no sería propio.

Nos echamos unas risas mientras me vestía, entretanto Adela nos llamó desde el salón por si queríamos una merendola que tenía algo preparado. Inma me miró cómplice de la situación y le hice un gesto afirmativo con la cabeza. Ella respondió por los dos.

Fuimos en búsqueda de Adela. Mientras la veíamos terminar su prometida merienda aproveché para abrir la carpeta en la mesa de la cocina y sacar los bocetos. Nos sentamos y se los mostré a Inma. Siguió atenta mis explicaciones, las terrazas superpuestas, los parterres, las canalizaciones de riego, la cascada y el aprovechamiento del sobrante de las aguas.

Adela empezó a hacerse sitio entre los bocetos para ir colocando todo lo que había preparado. En previsión que se pudiese derramar algo sobre ellos

los recogí los guardé de nuevo en la carpeta por lo que Inma protestó.

—No los he visto bien, has ido muy rápido en recogerlo todo.
—Es para que no se ensucien. Los podemos mirar en otro momento.
—Me parece buena idea–dijo Inma convencida.

En ese momento se incorporó el abuelo y nos sentamos los cuatro para degustar lo que Adela había preparado.

—Anda que no Adela, con esto yo ya ceno – dije
—Pues para eso lo he hecho, a nosotros ya nos va bien–dijo Adela– luego nos tomamos un té o un café descafeinado con leche y ya estamos arreglados.

Después de la copiosa merienda decidí que ya era el momento de volver a casa. Al parecer Inma era de la misma opinión ya que se levantó al mismo tiempo. Nos despedimos de mi abuelo y de Adela y nos fuimos en busca de nuestros respectivos vehículos. Al salir por la puerta Inma me preguntó.

—¿Vas a la ciudad?
—Sí, claro. ¿Por?
—¡Sígueme!

Se giró y se fue directamente a su coche sin mediar ni una palabra más.

Capítulo 21

Habían pasado ya tres eternos días desde mi encuentro con Franc en la mazmorra y seguía sin tener señales de él, sin atreverme a enviar ningún mensaje ni correos. Mi sino era esperar y esperar. Empezaba a pensar que el encargo que me envió a recoger Astrid solo fue un señuelo. No era un regalo para mí, ya no lo esperaba. Empezaba a albergar la idea que estaba perdido todo, mis ilusiones se desvanecían lentamente y el palpitar de la sumisa que llevaba dentro amenazaba con detenerse. Paciencia y resignación, me decía a mí misma. Los días se habían convertido en tediosas horas por las que había que transitar. Los minutos se hacían eternos por la espera de lo que no iba a suceder. Estaba en el punto de perder toda esperanza.

Una llamada interna me sacó de mis cábalas, Astrid me reclamaba así que me encaminé al ascensor y apreté el botón de la tercera planta. Tenía la esperanza de poderlo ver aunque fuese a través de la rendija de su puerta. Cuando llegué y se abrió la puerta del ascensor mis esperanzas se desvanecieron de golpe. Su despacho estaba cerrado. Me acerqué a Astrid, con una falsa sonrisa en los labios, para que me diese las instrucciones que tuviese que darme.

— Hola Mar. ¡Qué rápida has venido!
— Ya sabes, donde manda patrón no manda marinero. Lo cierto es que había terminado con mis tareas.

– Bien. Franc quiere que lleves urgentemente esta tarde este sobre a esta dirección. Mejor ve directamente desde tu casa, sin venir a la oficina y como está lejos dice Franc que ya no regreses a la oficina.

– Entonces… ¿No vuelvo hasta mañana?

– Exacto. La verdad es que está bien lejos. Tendrás que coger el tren.

– Bueno, pues esta tarde iré. Nos vemos Astrid. Hasta mañana –le sonreí sin ganas. Ella no tenía la culpa de mi malestar.

– Hasta mañana Mar.

Cuando tomé de nuevo el ascensor para bajar, llevaba el sobre bajo el brazo y el alma en los pies. Sentía que a cada paso que daba la arrastraba un poco más. Me pesaban los hombros y hasta el respirar me resultaba cansado y agotador. Llegando a la planta baja saqué el sobre de debajo de mi brazo para mirar la dirección del destinatario. Realmente estaba bien lejos. Tenía hora y media de ida y otro tanto de vuelta, más el rato que tardase en llegar a la dirección indicada. No me había engañado Astrid, tenía para toda la tarde. Con ese pensamiento me fui a mi mesa. Le comente a Sara que me enviaban de excursión por la tarde a entregar un sobre y que no contase con mí compañía hasta la mañana siguiente porque iba bastante lejos.

Miré la hora en mi móvil. Un redondel me avisaba que tenía un WhatsApp. De pronto sentí una sensación que me tensó. Una invasión de adrenalina me inundó, recorriendo todo mi cuerpo. Me estremecí al sentir un latigazo en mis vísceras. Un estado de alerta y a la vez de felicidad contenida. ¿Sería de él? No me quería hacer ilusiones, podría ser cualquiera, me decía a mí misma. Resoplé, miré al cielo como pidiendo que se me concediese el deseo y lo abrí.

–Tengo entendido que esta tarde te vas de viaje 12:31

Será cabrón. "Tengo entendido" me dije para mí misma en tono burlón. Suspiré. Por lo menos ya ha dicho algo y algo es mejor que nada.

–Sí Señor. 12:31
–Muy bien jovencita. Ahora que todavía soy tu jefe te voy a cambiar los planes. Al salir de aquí al mediodía te vas para mi antiguo despacho con el sobre que te ha dado Astrid y me esperas allí. Mientras llego recoges todo lo que estropeaste y desordenaste. 12:32

Tragué saliva. "me esperas allí" antes de seguir elucubrando, respondí al WhatsApp.

—Sí Señor. 12:32

No hubo más mensajes por su parte y me privé de enviar ninguno en esos momentos. Por fin había contactado conmigo. Me quedé entre el cielo y el infierno, entre el mar y la tierra, intranquila e impaciente. Resonaba en mis tímpanos lo que me dijo la última vez que nos vimos "ya hablaremos de esto…". Ilusionada por el encuentro por un lado y desbordada por la reprimenda que me esperaba por otro. Tan pronto vi la ocasión para salir, lo hice. Me excusé para irme unos minutos antes. La necesidad de salir me podía, precisaba tomar contacto con la luz del sol y el aire fresco. Mis encontradas emociones estaban desestabilizándome por momentos pasando de la euforia a la tristeza en segundos.

Me fui con la intención de dar un largo paseo para recomponerme. La incertidumbre de lo que podría suceder me abrumaba, seguía navegando entre la tristeza y la alegría. Me senté en un banco para aprovechar a sentir los influjos de los rayos de sol sobre mi cuerpo. Observaba el sobre que deje apoyado en el banco. Un sobre acolchado marrón de los que se usan para proteger el contenido de golpes y erosiones, de un tamaño considerable para ser una mera carta. Lo toqueteé y palpé para intentar adivinar el contenido.

—Avísame cuando hayas llegado. 15:05
—Sí. Señor. 15:05

Otro mensaje en el móvil me sobresaltó, lo que me hizo levantar del banco y acelerar el paso. Cambié de opinión, ya no iba a ir caminando. Me asaltaron las prisas, ahora solo deseaba llegar y que pasase lo que tuviese que pasar. Me acerqué a la siguiente parada del autobús con la intención de tomar el primero que pasase. De las tres líneas que se detenían en aquella parada, las tres pasaban por delante del despacho de Franc. Miré el cartel electrónico que indicaba que el próximo pasaba en un minuto.

Cuando me baje del autobús y sin más dilaciones saqué mi móvil del bolso y envié un mensaje.

—Señor. Ya he llegado. 15:28

No esperé respuesta, lo cerré y lo volví a meter en el bolso. Aproveché para coger las llaves mientras daba los últimos pasos en dirección a la puerta de entrada, tenerlas en las manos me evitaba el tener que rebuscarlas en el último momento delante de la puerta. Mi inquietud interior se acrecentaba por momentos. Sentía en mi cuello el palpitar de mi corazón. Un tremendo nudo se me hizo en el estómago en el momento que me metí en el ascensor. Tomé una bocanada de aire para aliviar la presión. Mis nervios me estaban traicionando otra vez. Una catarata de temblores asaltó mi cuerpo atacando mis piernas y manos.

En el primer intento de abrir la puerta del despacho no acerté a encajar la llave. Miré hacia arriba y tomé aire. Una vez dentro encendí la calefacción. Aquel despacho parecía el mismísimo polo norte. La falta de uso hacía que el frio se apoderase de todos los rincones y recovecos. Empecé a deambular de un lado a otro para cerciorarme que estaban todas las ventanas cerradas y que no había nadie más, no fuese que hubiese llegado Franc. Dejé el sobre encima de la mesa de su despacho. Advertí algo nuevo allí. Una bolsa con una nota:

¡Póntelo!

La abrí apresuradamente pensando que sería mi regalo, el que había ido a recoger y entregado a Astrid. El papel del envoltorio no era el mismo cosa que me extrañó mucho.

Otra nota pegada al paquete decía:

"Esto te servirá para la tarea que tienes encomendada hoy, ordenar y limpiar"

Arranqué la nota con rabia del paquete y lo desenvolví. Un pequeño mandil con peto, en color negro con puntilla blanca alrededor, una bayeta y una cofia para el pelo. En ese momento las incertidumbres blandían mi ser, descolocada y desconcertada sin saber qué hacer. Empecé a hacerme preguntas y a respondérmelas yo misma. ¿Quieres seguir esta relación? Por supuesto que sí. ¿Quién soy? Su sumisa y su esclava. ¿Qué debo hacer? Obedecer y asumir la condición que acepté. ¿Quién tiene el poder y el control? Él. ¿Qué ha dicho? Que me ponga el mandil y ordene lo que desordené y limpie. Respiré algo aliviada mi hoja de ruta estaba clara.

Dejé mi bolso colgado del perchero. Me desabroché la chaqueta y me la quité. Desabroché mi falda, descorrí la cremallera y la dejé caer. Saqué primero un pie y luego el otro del redondel en el que se había convertido al caer al suelo. Me quedé con las medias negras y los zapatos de tacón, dudé si dejarme la blusa para que me hiciese las veces de faldón pero por temor a su reacción me la quité y me coloqué el nuevo delantal negro con la puntilla blanca. Cogí la bayeta en una mano, la cofia en la otra y me fui al baño a mirarme en el espejo para ajustarme bien el modelo que el señorito había puesto a mi disposición. Me miré con vergüenza, girándome a un lado y al otro para poder apreciar cómo me quedaba. Si lo había dejado allí para mí era porque me quería ver así vestida, como una chacha, su chacha. Me coloqué la cofia en la cabeza y jugueteé con el espejo haciendo muecas con mis labios.

Me metí en el despacho y abrí el armario de los juguetes. ¡Qué idiota fui dejándole tocar todo a Pilar! Lo saqué todo y lo dejé encima de la mesa para poder limpiar por dentro el armario y después recolocarlo todo de nuevo. Estaba en ello cuando estuche el tintineo de unas llaves en la puerta de entrada. Mi espíritu saltó por los aires. Me sentí invadida por dentro por la emoción de volverlo a ver, de volver a estar con él. Una idea se apoderó de mí, iba a comérmelo a besos a la primera oportunidad que me diese.

Entró y llegó a la puerta del despacho en el que estaba limpiando y ordenando. Me miró y se quedó allí parado. Mirando y jugueteando con las llaves en su dedo. Volteándolas para que girasen sobre el aro que hacía las veces de llavero. Estuvo así un buen rato mientras terminaba de colocar todo en el armario. Me estaba poniendo nerviosa su mutismo y ese ruidito con las llaves.

No dije nada, no quería estropearlo. Cuando fui a cerrar las puertas del armario dejó su posición estática en el umbral de la puerta y se fue a sentar a su butaca. Guardó el sobre que había traído en el primer cajón y lo cerró con llave. Con su dedo índice fue gesticulando para hacerme ir donde él quería que estuviese. Me hizo rodear toda la mesa para hacerme quedar en su lado derecho de pie. Estuvo mirándome con obscenidad de arriba abajo. En ese momento me subió el rubor a las mejillas. Hizo un caracol con el dedo para que diese una vuelta sobre mí misma y así lo hice con total lentitud, para que pudiese mirarme bien desde todos los ángulos que le fuesen posibles mientras con su mano levantaba el delantal sin borrar una sonrisa despreciativa de su cara. Un chasquido de sus dedos me indicó que debía arrodillarme y así lo hice, frente a él. Empecé a controlar mí pudor, en mi posición, la que me corresponde. Me tomó con su mano por el mentón y me hizo mirarle a los ojos. Empezó el interrogatorio y mi tormento.

— ¿Tu que te has creído? Que aquí puedes venir cuando te dé la gana y con quien te dé la gana.
— No Señor. Lo siento. Fue un error.
— ¿Con quién estuviste aquí?
— Una amiga. Solo es una amiga.
— Por si no te habías dado cuenta todo esto es mío. Si lo quieres compartir con otra persona me lo dices que ya tengo candidatas elegidas por mi.
— Sí Señor.
— O sea que… ¿Lo quieres compartir?
— No. No Señor.
— No te olvides nunca que este despacho es mío y que todo lo que hay es para mí placer y no para pasártelo bien tú. Tampoco es un museo para repartir entradas a las amigas.

El seguía sujetándome por mi mentón para que no bajase la cabeza. Seguía clavando sus ojos en los míos sin apartarse ni un momento. Me hizo tumbarme sobre sus rodillas, cruzada sobre él, sin previo aviso me empezó a azotar con su mano, con fuerza, alternando ambas nalgas, aumentando el ritmo al tiempo que mis gemidos y lamentos crecían. Pensaba que había terminado cuando me hizo incorporar, lejos de mis expectativas, volvió a hacerme tumbar esta vez sobre una sola de sus piernas ya que con la otra hizo una pinza para sujetar las mías. Sujetó con sus manos mis muñecas a mi espalda y dejó caer mi torso en el aire. La posición era comprometida, apoyó su brazo sobre mi espalda y dejó caer todo su peso sobre mí. Nuevos azotes sobre mi pobre culo, cada vez más secos y dolorosos. Cuando consideró que ya eran suficientes me hizo levantar acompañando mi cabeza con su mano y me llevó frente al armario, abrió las puertas y me hizo arrodillar otra vez. Me puso de cara a la pared, como a una niña pequeña que se ha portado mal. Me dijo que era para que pensase en mi error, mientras cogió de un estante la fusta, que paseó por mis nalgas al tiempo que me decía que eligiese un juguete que fuese satisfactorio para él y continuar con mí castigo. No sabía que decir, no estaba en condiciones de elegir, solo deseaba que volviese a ser todo como antes y para ello estaba dispuesta a soportar lo que él me pidiese. Me callé, no quise decir nada, era su potestad castigarme y yo aceptar lo que él decidiese hacer. Acometió mis pezones retorciéndolos hasta que se cansó y siguió con su interrogatorio.

– ¿No dices nada? ¿Quizás prefieres que se lo preguntemos a tu amiguita? ¿Igual prefieres que lo elija yo?

A cada pregunta sin respuesta le seguía un golpe de fusta sobre mis maltrechas nalgas. Él era mi dueño, él decidía.

Me agarró del pelo para hacerme levantar y me llevó así hasta la barra que había en la entrada a la que me ató sin contemplaciones. Se empleó a fondo con la fusta, mi piel ardía por los fustazos, que uno tras otro, cayeron sobre mis nalgas. Perdí la cuenta de los azotes y del tiempo que me tuvo allí. No tenía derecho a protestar ni a quejarme por recibir mi merecido castigo. Cuando consideró oportuno se paró y metió sus dedos en mi coño con furia. Su rabia bajó de intensidad cuando asomó una sonrisa en sus labios, supuse que sintió como me humedecía. Siguió con sus dedos penetrándome sin piedad, forzándome para provocarme el orgasmo el cual no estaba lejos de llegar. Mi cuerpo empezó a convulsionarse y mis manos se agarraron con fuerza de la barra. Se dio cuenta de mi estado y de repente sacó sus dedos dejando mi sexo a punto de estallar. Dos azotes con la fusta me sacaron de dudas.

–Hoy no te está permitido correrte –dijo susurrándome al oído.

Se fue al armario dejándome allí resoplando, cuando regresó llevaba un pequeño dildo en su mano lo puso delante de mis ojos y cuando se cercioró que lo había visto lo introdujo varias veces en mi sexo húmedo. Estaba a reventar de ganas, apreté los dientes para no correrme y sin ningún miramiento me lo metió en el culo. Me dijo que lo llevaría mientras durase mi castigo y no me lo podría quitar hasta llegar a casa. Luego al día siguiente debería ir a trabajar con el plug puesto, en el autobús debería ir de pie al no poderme sentar y que cuando llegase al trabajo me fuese al aseo y me hiciese una foto. Solo después de enviársela podría sacármelo para poder trabajar.

Mientras me hablaba escuche el ruido de la hebilla de su cinturón y el sonido rasgueante al pasarlo por las trabillas de su pantalón. Al soltarme de mis ataduras me dejé caer al suelo, abatida, temblorosa y derrotada. No me dejó llegar. A mitad de camino me agarró con sus brazos y sujetándome otra vez por el pelo me llevo hacia la mesa del escritorio donde me depositó como si fuese un paquete dejándome medio cuerpo encima de la mesa y con los pies en el suelo. Dobló el cinturón por la mitad y me anunció que me iba a dar treinta azotes, que debía contarlos en voz alta al tiempo que pedía perdón por mis faltas en cada uno de ellos. Antes de empezar me avisó que si me perdía en la cuenta o me equivocaba o si se me salía el dildo volvería a empezar desde cero. Cuando empezó, seguí las instrucciones que me había indicado, de mis ojos se escapaban las lágrimas mientras recibía los azotes de su cinturón procurando no equivocarme.

Cuando llegó a treinta delante de mí y sin el más mínimo descanso descorrió la cremallera de su pantalón sacó su magnífica polla y sin contemplaciones me la metió en la boca. Me la folló como quiso, sin dejarme la oportunidad de poder saborearla. Me tenía agarrada por el pelo, entrando y saliendo de mí con total impunidad. Me agarré a la esperanza que me brindase mi regalo. Fue un despropósito negármelo. Lo sentí como iba a llegar, en el momento cumbre se salió de mí derramándose entre mi cara y mi cuello. Poniéndome perdida con su corrida sin dejar relamerme ni disfrutar de una sola gota de su preciado don.

— Y ahora te vistes y te vas a tu casa. Por cierto te vas a ir sin ropa interior. Me la quedo yo y ya veré si te la devuelvo mañana en la oficina, así que ya sabes cómo debes presentarte a trabajar.

Lo vi coger el pomo de la puerta y marcharse. Me dejó allí, en el suelo lamentándome de mi ardiente culo. Me levanté y me fui al aseo a limpiarme un poco. Me quité el uniforme de chacha y lo doble bien para guardarlo. Me puse la blusa, la falda y la chaqueta. Cogí mi bolso del perchero y me fui en dirección a casa, compungida, humillada, usada y más suya que nunca.

¡Qué extraña sensación la de caminar por la calle sin ropa interior! Al llegar me fui directa a la ducha. Cuando di la espalda al espejo pude apreciar mis nalgas coloradas como un tomate y cruzadas por líneas más oscuras. Había recibido mi merecido castigo. Esa noche dormiría boca abajo y mañana en la oficina me acordaría de mi castigo cada vez que me sentase.

Capítulo 22

Me desperté con el collar de cristales de circonita aún puesto. Franc ya había salido hacia la oficina, pero su lado de la cama todavía conservaba la señal de su cuerpo y su olor, ese aroma cálido a piel masculina que tanto nos gusta a las mujeres. Me abracé a su almohada y respiré profundamente grabando su aroma en mi memoria. El recuerdo candente en mí de la noche anterior perduraba. Me quedé un rato más en la cama abrazada, meditando y recordando.

De mis vivencias hacía una retrospectiva de mi vida con Franc. Desde el principio había sido toda nuestra relación muy normal, sin estridencias, aunque había algo que nos faltaba. Estaba confusa por todo y por el cambio inesperado que había experimentado nuestra relación.

Todo empezó aquella noche que le tiré el cojín al suelo. Algo en él despertó y ese juego se fue convirtiendo en un fuego que recorría mi cuerpo cuando estaba en su presencia. Esta situación me hacía sentir llena. Llevábamos años de matrimonio y hasta ahora no lo había descubierto, pero por primera vez sentía una relación plena con él.

Desde que empezó esta nueva etapa mi cuerpo estaba en constante excitación, esperando su regreso para descubrir que nuevos juegos provocarían mi libido y su deseo. Antes no era así, el siempre con sus casos en el despacho estaba absorbido por completo lo que me daba libertad para hacer lo que me apeteciese. Me había instalado en esa comodidad de hacer las tareas domésticas y de esposa florero, pero de alguna forma sentía en falta algo más. Nunca antes pensé que me sentiría plenamente con él como me siento ahora, obedeciéndolo y siguiéndolo, descubriendo día a día mi faceta como sumisa. Comportándome como la esclava sexual de mí marido y disfrutando como nunca de él.

Sentía la necesidad de renunciar a mi parcela de libertad que antes tanto valoraba para conservar más que a mí marido al que ahora consideraba mi Amo, el Dueño y Señor de mis orgasmos, al que había cedido el poder y que se había apoderado del control de todas las situaciones.

Me levanté de la cama y abrí el armario. Encontré una vieja camisa de leñador, una de franela estampada de cuadro escocés, que Franc conservaba de su tiempo de juventud. Me le puse a modo de chaquetilla para ir a la cocina y prepararme algo. Cuando pasé por el salón advertí que habían quedado todos los juguetes, del maletín que nos regaló Dimitri, esparcidos entre el sofá y la mesa de centro. Con mi café con leche recién hecho volví al salón y me senté plácidamente en el sillón con las piernas desnudas y cruzadas a observar. Desabroché las tres hebillas del collar y me lo quité. Lo coloqué encima de mi pierna, doblándolo para ver mi nombre grabado con los cristales de circonita. Jugueteé con los cristalitos rozándolos, acariciándolos con las yemas de mis dedos pensando que cuando estuviese todo recogido iba a dejar el collar sobre el maletín, encima de la mesa de centro hasta que llegase Franc, esperando a que iba a querer hacer, mientras sorbo a sorbo iba degustando placenteramente mi café con leche.

Nuestro viaje a Moscú significó la constatación que a ambos nos llenaban esos juegos. Disfrutar de aquella habitación especial me acabó de despertar los instintos. No sé bien si era por la novedad o porque realmente había algo que nos faltaba a los dos. Tenía la certeza que estábamos viviendo el preludio de unas nuevas experiencias, descubrir a Franc y a mí misma, con la impresión que habíamos encontrado un acuerdo tácito entre nosotros donde el objetivo mutuo era satisfacer las fantasías más ocurrentes, dar rienda suelta a la pasión y al frenesí, desbordarnos en cada momento con parcelas nuevas y diferentes, evitando caer en la monotonía del juego sin más.

El viaje de regreso se hizo corto descubriendo las posibilidades de placer que podía ofrecer un avión en pleno vuelo. Resultaba curioso a la velocidad que transcurría el tiempo cuando se está disfrutando, habíamos despertado al deseo y a los placeres y ahora no podíamos permitirnos decaer. Quería trabajar sobre la idea de provocarlo constantemente, utilizar gestos sutiles que encendiesen a su fiera interior. Usar las armas de mujer con él y activar los resortes de su imaginación. Que sintiese como me ofrezco para que haga de mí todo cuanto desee sin más limitación que donde él desee llegar.

Me fui a la biblioteca y abrí el ordenador con la intención de buscar en la red referencias que me pudiesen ayudar a conseguir mis objetivos. La curiosidad me llevó de una página a otra, a golpe de ratón, con el ansia de saciar mi curiosidad. Encontré una ingente cantidad de páginas, blogs, relatos y chats alusivos, lo que me hizo pensar de la existencia de una comunidad oculta y amparada en el anonimato.

En la soledad de mi biblioteca tuve la sensación de pertenecer a esa comunidad, me entretuve leyendo el blog de una chica, que sin ningún reparo, explicaba todas sus vivencias, desde sus primeros encuentros con el que se había convertido en su Amo hasta su actualidad con el mismo protagonista. Relatos de encuentros en parques públicos al anochecer para aprovechar la impunidad que les proporcionaba la oscuridad. En uno de los relatos, la protagonista, mencionaba su sentir cuando tuvo la ocasión de comerse la polla entera de su Señor, de su esfuerzo por conseguirlo, de la técnica que empleó para que le fuese más fácil atraparla en su garganta y de cómo estuvo esperando, con ilusión, a recibir su eyaculación y bebérsela toda, leer sus percepciones de como lo había sentido y como lo había mirado a los ojos para verlo disfrutar, me hizo sentir identificada.

Descubrí una fuente inagotable de inspiración en esas páginas. Encontré otra muy ilustrativa donde aparecían dibujos de una mujer en diferentes posiciones representando diferentes modos de estar y ofrecerse a su Señor.

Delante del espejo del pasillo, las imité, las ensayé hasta hacerlas mías, imaginando como podía ser estar delante de él. Algunas eran fascinantes. En una de ella me vi en el espejo arrodillada con las manos atrás en la espalda y la cabeza erguida. Supuse la percepción que un hombre podría tener al ver a una mujer en esa posición. Dediqué un buen rato a ensayar tanto las posiciones como la gesticulación de mi cara, labios, ojos y lengua para conocer el efecto que podía causar. Me di cuenta de la importancia del lenguaje no verbal en esta dimensión del sexo aún por explorar.

Imaginé que le esperaba un día así, en esa posición, arrodillada, con unos zapatos de tacón puestos y un vestido de tirantes. Me sentí perversa y viciosa pensando que llenaba la estancia de velas y al amparo de su luz llegaba él, arrebatador como siempre, se quedaba de pie delante de mí y agarrando los tirantes de mí vestido lo rompía a trozos dejándome completamente desnuda.

Esa idea me estremeció provocando que creciese mi calor interior y el incremento de mi humedad. Cerré los ojos e intenté sentir su presencia. Me fue imposible. No era lo mismo el poder sentir su piel cerca de la mía, sentirlo desbordado por sus hormonas y a punto de estallar, en ese momento que parece que ha perdido la visión en sus ojos y solo ve un punto imaginario en un horizonte lejano e incierto. En esa tesitura lo quería sentir en el segundo anterior a eyacular, en el momento de más intensidad, cuando ya está vencido y disfrutando el advenimiento de su placer.

Capítulo 23

La seguí con incertidumbre y cierta curiosidad. Su propuesta de seguirla con mi coche me sorprendió. Me preguntaba ¿Dónde me querría llevar? ¿Qué idea recorrería la mente de aquella fascinante mujer? Al entrar a la ciudad me acerqué todo lo que pude a su coche, inquieto ante la posibilidad de poderla perder. Si sucedía no tenía forma de localizarla, seguí atento las indicaciones de los intermitentes, que me marcaban los cambios de dirección que iba a tomar. Giró a la derecha al llegar a un gran aparcamiento público y sacando su mano por la ventanilla me hizo señas para que aparcase. Aparqué y salí del coche a la espera que apareciese por algún lugar. Miré a un lado y otro algo desconcertado. No la veía. Después de unos minutos de incertidumbre apareció caminando con paso firme mirándome como si yo fuese un bicho raro.

– Disculpa si te he hecho esperar. He ido a dejar el coche en mi garaje. Me he asegurado donde lo dejabas tú para venirte a buscar.
– ¡Qué detalle! –dije con un cierto tono de ironía.
– Anda, vamos y no te olvides de coger los bocetos del jardín que los quiero ver bien.
– Y… ¿Dónde los vamos a ver? – le pregunté mientras abría la puerta del coche para recuperar la carpeta de los bocetos.
– Donde va a ser, nos vamos a mi apartamento que allí estaremos cómodos y Adela no nos los hará retirar de la mesa. ¿No tendrás prisa?

Cuando saqué la cabeza del coche con la carpeta en mis manos, sonreía maliciosamente. ¡Qué preguntas! ¿Cómo iba a tener prisa yo?

— No, no tengo prisa. Te lo puedo enseñar todo.

Yo también sonreí al responderle. Me refería a los bocetos, pero me sentí malicioso por la respuesta que le di, por la deliberada intencionalidad de mí contestación. Una respuesta cargada de ironía con un deje burlón, provocándola deliberadamente por el énfasis que le di al "todo", tirando la caña abiertamente a una mujer fascinante y bella que había despertado mis instintos como ninguna otra. Una mujer que sin reconocerla en mí sueño, me había provocado una fantasía desconcertante, llena de morbo, mezclando mis posibles pasiones ocultas y sexo aderezado con escenas de dominación femenina.

Al llegar al portal hizo el gesto de sacar las llaves de su bolso. Las buscó a ciegas, tanteando en él, con sus ojos entretenidos mirando a los míos, indagando en la oscuridad de la noche y despertando mí inquietud. Su forma de mirarme me tenía descolocado. Sus ojos se habían transformado en inquisidores, intentando indagar en las profundidades de mi mente a través de ellos para percibir mi estado. Parecía que pudiese leer mis pensamientos. La idea que pudiera descubrir que ella me gustaba mucho me hizo sonrojar. Mi cara sintió los efectos del rubor. Quizás era lo que ella quería. Hacerme sucumbir a sus encantos para luego darme el pasaporte a mi casa. Creí por un momento que era de esas mujeres que por saberse atractivas miraba de soslayo a los hombres que les prestaban atención para luego pasar de ellos. No era el caso. Me estaba invitando a subir a su apartamento. Tuve la extraña sensación que lo de mirar los bocetos solo era una excusa. Todo era cuestión de tiempo y de seguir el ritmo de los acontecimientos.

Su apartamento estaba en un quinto piso. El tránsito en el ascensor se me hizo eterno. El silencio era desgarrador. Disimulé mi inquietud abriendo la carpeta de los bocetos para ponerlos en orden.

—¡Vamos! dijo al detenerse el ascensor.

La seguí mientras la observaba por su espalda, lo que me dio la oportunidad de apreciarla sin ser descubierto. Abrió la puerta con las llaves que llevaba en sus manos y encendió la luz. Entró y yo tras de ella. Continuamos caminando por un pequeño pasillo que llevaba a un pequeño salón comedor. Pasamos por tres puertas que al estar cerradas no vi que había tras de ellas. Me dijo que me sentase en la mesa del comedor y que fuese sacando los bocetos mientras ella se iba a cambiar de ropa. Atravesó una de las puertas y se encerró, intuí que sería su habitación. Entre tanto me dediqué a extender en orden el proyecto de jardín.

Debí de poner cara de bobo cuando apareció abriendo la boca y se quedó parada apoyada en el quicio de la puerta. Los ojos me debían hacer chiribitas.

– ¿Te gusta mi ropa de estar por casa? –dijo.

Me di un bofetón imaginario para salir de mi atontamiento y reaccionar de una vez. Aquella fascinante mujer me estaba provocando deliberadamente y no debía mostrarme como un imbécil.

– Desde luego que me gusta. Es muy original. –dije para salir del paso.

Se acercó a mí en un total mutismo, sus piernas enfundadas en unas medias de seda negra lucían maravillosas sobre sus zapatos de tacón en charol negro. Una blusa blanca con faldón como única prenda de vestir, que al caminar cuando se acercó a mí, dejaba al descubierto una parte de sus muslos.

– ¡Ven! Te quiero enseñar el apartamento antes que me enseñes "todo"… sobre los bocetos.

Ella también pronunció el "todo" con énfasis, como hice yo antes, mientras recorría mi espalda, de hombro a hombro, marcando el camino con la presión de su dedo índice. Cuando llegó al final se puso a mi lado derecho, lo que me obligó a mirarla, entonces giró su dedo hacia arriba haciéndome un gesto que decía ¡Sígueme! ¡Sígueme!

Me levanté de la silla, como hipnotizado, siguiendo ese dedo y a su dueña. Primero me enseñó la cocina.

– Aquí ni entramos que ya hemos merendado. No tenemos que hacer nada por hoy.

Continuamos por el pasillo y abrió la siguiente puerta.

— Aquí el aseo. ¿Tienes que usarlo?
— No. Ahora mismo no. Gracias.

Seguimos para descubrir la última puerta. Puso la mano en el pomo y sin abrirla me dijo…

— Esta es mi habitación secreta. Donde dejo fluir mis fantasías ocultas. ¿Quieres visitarla? — me preguntó clavando sus ojos en los míos.
— Desde luego que sí. Me gustan los sueños y las fantasías.
— Ven pequeñín. Tú vas a ser mi golosina de hoy.

***

Cuando me estaba vistiendo al ponerme los calzoncillos cogió de la goma y estiró de ellos, me metió un billete de 5 euros y soltó el elástico dándome una palmada en el culo. Así me gustan los chicos, con el culo apretado. Me sentí humillado como si fuese su puto pero no puedo negar que me gustó.

— Ya sabes lo que hay. Cuando quieras me llamas y me vuelves a enseñar los bocetos. ¿Vale?

Capítulo 24

Cuando llegué al despacho aquella mañana aún no había llegado Astrid. De hecho creo que solo estaban los de seguridad porque al pasar por recepción no vi ni a Mar ni a Sara. Dejé mi teléfono móvil encima de mi escritorio asegurándome que todos los sonidos estaban activados. Abrí mi ordenador dispuesto a enviarle un correo a Dimitri.

> **De: franccirera@navaldinamic.com**
> **A: Dimitri247@mail.ru**
> **Asunto: Salu2**
> **Mi querido amigo:**
> **Los chicos muy activos y receptivos, todo lo relativo al plan de estudio de las niñas ya está en marcha, solo me queda conocer el calendario escolar.**
> **Salu2**

Casi me respondió a vuelta de correo. Con una respuesta con una contundencia precisa.

> **De: Dimitri247@mail.ru**
> **A: franccirera@navaldinamic.com**
> **El material escolar te llega el día diez. Haz sitio en la mochila.**
> **Saludos.**

Cogí el calendario de sobremesa para dibujar un redondel sobre el día diez.

Conté los días y aún faltaban veinte. Miré al techo con la intención de abstraerme e imaginar que representaban esos veinte días para la evolución de las obras del nuevo astillero. En ese instante sonó mi WhatsApp. El sonido hizo que se dibujase en mis labios una sonrisa perversa. Lo abrí para ver la foto adjunta. El fichero tardó unos segundos en ofrecerme la imagen que deseaba. Advertí unos hilillos, unos sonrosados y otros más tirando a negro oscuro que atravesaban sus nalgas formando unas bonitas líneas paralelas, unas con otras. En el centro el dildo con el que le ordené fuese a trabajar.

> *—¿Me puedo sacar el dildo y ponerme la ropa interior? 9.00*
> *—El dildo te lo puedes sacar, con respecto a la ropa interior lo pensaré, mientras no te la pongas. 9.01*
> *—Si mi Señor. Lo que usted diga. Con su permiso voy a mi puesto de trabajo. 9.02*

Ya no le respondí. Resultaba obvio que era lo que tenía que hacer. Mi intención era que se acostumbrase a controlar su deseo de comunicarse conmigo. Correos o WhatsApp los justos y necesarios, a partir de ahora siempre partiendo de mí.

Al mediodía le envié un nuevo mensaje de WhatsApp

> *—Si te has traído ropa interior, ya te la puedes poner. 12.05*
> *— La que me quedé tuya la guardo como un trofeo de caza 12.06*

Tirando de emoticón me respondió con una cara sonrojándose. Imaginé una nueva y perversa idea de la cual no me iba a privar. Le envié un nuevo mensaje.

> *—Quiero que metas el dildo en un sobre y me lo subas, haz ver que es una entrega personal que te ha llegado en el correo de la mañana y me lo subes al despacho. No se lo entregues a Astrid. 12.32*

Tardó unos minutos en subir. La imaginé preparando el sobre, rotulándolo y disimulando su letra para que no se diese cuenta nadie que lo viese que lo había hecho ella, justificándose con Sara para subirlo y haciendo un quiebro a Astrid para entregármelo en persona.

Unos nudillos golpeando a mi puerta me alertaron de su presencia. La hice entrar sin apartar la vista de la pantalla del ordenador. Entró y cerró la puerta. En sus manos llevaba el órdago de mi perversión.

> – Le traigo un envío personal.
> –Muy bien. Déjalo encima de la mesa. Luego lo miraré. Ya puedes volver a tu puesto de trabajo.

Se dio la vuelta obedientemente y tomó dirección a la puerta. Antes de que pudiese salir la reclamé de nuevo.

> – Espera un momento. No te vayas. Antes quiero comprobar un par de cosas.

Se volvió y se acercó a mí por el otro lado de la mesa. Abrí el sobre para dejar caer su contenido. El dildo metálico resbalo precipitándose en mi mano. Lo cogí entre mis dedos para exhibírselo. Mientras se lo mostraba le dije…

> – Me gusta que lo que es mío vuelva a mis manos. Y ahora acércate tú que también eres mía.

Se acercó con sus manos atrás y la cabeza gacha mostrándome su arrepentimiento.

No pude resistir la tentación de hacer una comprobación. Mi mano derecha acarició sus rodillas primero para separarlas después. Ascendí a los infiernos haciéndome espacio entre sus piernas hasta que mis dedos alcanzaron el calor de su sexo al descubierto. Al primer roce brotó espontáneamente su humedad. La miré a los ojos y salí de ella para enviarla a trabajar dándole una palmada en las nalgas.

> – Quiero que te vayas del despacho y cuando llegues a tu puesto de trabajo te vas directamente al aseo, te encierres y te quites la falda. Cuando lo hayas hecho me llamas al móvil y te diré lo que debes hacer.
> –Lo que usted ordene Mi Señor. Ya sabe que…

La interrumpí

> – No digas nada más. Haz lo que te ordeno.

– Si Mi Señor.

Se dio la vuelta y se dirigió hacia la puerta de salida. La observé por detrás. Disfrutaba verla con su traje chaqueta y los zapatos de tacón. Admirar sus nalgas como se movían dentro de aquella falda estrecha y a sabiendas de la coloración que hoy tenían fruto del castigo que le imprimí el día anterior.

Al salir cerró la puerta lo que aproveché para acercar el dedo con el que le había rozado su coño y llevármelo a la nariz para olerlo. Como si fuese un perro olisqueando a una hembra para comprobar si estaba en celo y receptiva. Su aroma era inconfundible saqué la lengua para saborear mi dedo e impregnar mis papilas gustativas de esa exquisitez. No se hizo esperar la llamada, no la saludé fui directo a lo que quería de ella.

– Quiero que te sientes en la taza de cara a la pared y que apoyes tus brazos en la cisterna así me aseguro que tu móvil está bien sujeto y no se va a caer.
– Si Mí Señor.

Escuche como cambiaba de posición.

– Ya estoy como me ha ordenado.

– Muy bien. Ahora te vas a quedar con un brazo sujetando el móvil y el codo apoyado en la cisterna la mano que tienes libre te acaricies como te diga.
– Lo que usted desee y me ordene.
– Tu coño está en disposición de brindarme aquello que más ansío recibir. Así que te vas a tocar para mí. Quiero que te frotes el coño con tu mano.
– Si mi Señor.
– Ya puedes empezar
– Su coño Señor.
– Mi coño, muy bien dicho. Lo mismo que tus orgasmos que también son míos.
– Sí Señor.
– ¿Te estás frotando perra?
– Sí mí Señor. Me está excitando mucho esto. Nunca antes habíamos hecho algo así. Me ha sorprendido.

– Y más que te sorprenderé si te portas bien. ¿Cómo está tu clítoris?

– Duro Señor. Como a usted le gusta que esté.

–Pellízcalo, perra, quiero oírte gemir para mí, pero no dejes de frotarte, no te metas aun los dedos. Estás mojada, perra?

–Si mi Señor

–Huele tu mano, perra, y despúes chúpala despacio, Saboréala despacio, los dedos, uno por uno y ahora mete dos dedos con fuerza. dóblalos dentro perra.

No dejes de meterlos y sacarlos.

Empecé a escuchar sus ronroneos. Su respiración empezaba a tomar ritmo, lo que me anunciaba que estaba más cerca de poder sentir sus gemidos. Supuse que los susurraría para que no la escuchase nadie. Intenté visualizar la escena en el aseo de mujeres, ya que no podía estar presente. Disfrute imaginando el momento y la situación. Deliberadamente apreté el botón de colgar y dejé el móvil encima de la mesa saboreando perversamente el instante.

∗∗∗

– Es suyo Mi Señor. ¡Por Dios! ¿Qué pasa? Señor… Señor… Mi Señor.

La conversación se había cortado. No sabía si había sido él o un simple fallo de la compañía suministradora del servicio. Instintivamente apreté el botón de rellamada y miré la pantalla para asegurarme que aparecía su número. En un segundo reaccioné y apagué el terminal para que no fuese posible hacer la llamada y ni tan siquiera le apareciese como llamada perdida. Suspiré. He estado ágil, me dije a mi misma. Casi la vuelvo a cagar.

Cuando recobré la respiración, me sequé como pude con el papel higiénico. No podía salir en ese estado y arriesgarme a dejar un círculo indiscreto en la falda o peor aún en la silla de recepción.

Me levanté del urinario y me dispuse a acomodar la ropa a mi cuerpo. Estiré la blusa por debajo de la chaqueta y me ajusté mí falda a la cintura después de pasarla por mis pies. Al pasar frente el mural de espejos del aseo me aseguré de ir bien vestida y me fui a mi mesa a la espera de novedades y en ausencia de ellas, la hora de salida. Me había quedado claro quién era quien tenía el privilegio de llamar y reclamarme. No iba a volver a caer en la tentación que caí. Ni que me estén comiendo los diablos o tenga un ataque de ansiedad.

Una señal me avisó de un nuevo WhatsApp. Lo abrí con impaciencia.

> – *No has llamado. ¡Perfecto! Ya has aprendido. Pronto sabrás también en que consiste un 24+1. 13:31*

Los dedos me temblaban. No llegué a descubrir, ni tan siquiera a imaginar, en qué consistía esa suma, adición o lo que quisiese ser. ¿Qué iba a responder? Decidí por lo fácil apreté un emoticón con una sonrisa añadiendo un + delante. (Su mar sonríe).

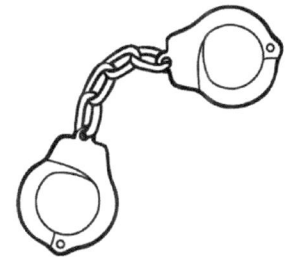

Capítulo 25

La noche anterior había sido intensa. Recuerdo que cuando me dijo que era para una ocasión especial y yo le propuse que fuese aquella una ocasión especial, mi vientre hizo un amago de anudarse. La adrenalina empezó a fluir en mi interior a borbotones, impregnándome con la esencia de las hormonas femeninas. Se me aceleró la respiración cuando me retó. Me provocó deliberadamente para ponerme en la senda de un estado de deseo del que no me podía contener. Sentí como se me nublaba la vista fruto de la revolución interna de mis endorfinas y del impacto que me produjo abrir el regalo que me había traído. Me arrodille ante él y se lo entregué, estirando mis brazos, como si fuese una ofrenda, para que pudiese ponerlo en su lugar. Desde ese momento mi imaginación pareció renacer. Me venían a la mente mil formas de recibirlo a partir de ahora. Se me antojaba que cada tarde cuando regresase de la oficina lo iba a recibir de una forma diferente. Vistiéndome como una puta si fuese preciso, para ser eso, su puta. La zorra con la que él iba a saciar sus deseos. Siempre dispuesta a satisfacerlo.

Cuando me fue ajustando las tres hebillas del collar a mi cuello me estremecí por la sensación, nunca antes había llevado un collar que ocupase toda la longitud del cuello. Ajustó en una arandela que había en el collar la correa y me llevó a pasear como la perrita en la que me había convertido. Me llevó al baño, colocó unas toallas en el suelo y me hizo sentar allí y esperar. Acarició mi pelo diciendo "buena chica" se fue a la habitación y escuche como se quitaba la ropa. Como no debía moverme, no giré la cabeza, le vi el culo cuando entraba en la ducha. Durante esa espera mi mente seguía revolucionando mi cuerpo haciendo que mi desasosiego se desbocase. Desconocía sus planes y eso me tenía alterada. Me preguntaba ¿Qué se le antojaría para esa noche especial?

Salí de dudas cuando lo vi cerrar el grifo, coger la toalla y empezarse a secar. En ese momento mi respiración se hizo más profunda llenando todas las cavidades de mis pulmones como una forma para reducir mi instinto de hembra, hambrienta y sedienta de su macho alfa. Al salir de la mampara tomo el asa de la correa y me llevó a la habitación caminando a cuatro patas. Con una palmada sobre la cama me obligó a subir y me hizo sentar en los pies de la cama. Me desnudó y me empujó para que cayese tumbada boca arriba dejándome con las piernas colgando. Ató la correa a la cabecera de la cama y me puso las dos almohadas debajo del culo. Así me dejó en un punto álgido de excitación. Al volver traía entre sus manos una cuerda que anudó a mis tobillos, un extremo en cada uno de ellos. De un tirón separó mis piernas asegurándose que no las iba a cerrar por lo que ató el resto de cuerda a las patas de la cama.

Aunque fuese mi marido, la sensación de estar totalmente expuesta era muy excitante. Me dejó otra vez sola, requiriéndome extender mis brazos para ponerlos en forma de cruz. No tardó mucho, su ausencia duro el tiempo de ir y volver. En una mano la fusta y en la otra el kit de afeitado. La brocha, el bol, el jabón y la maquinilla de afeitar.

Se puso en los pies de la cama y se agacho con la brocha en las manos con la que empezó a acariciar mi zona púbica. La sensación del roce era muy agradable, jugó provocando mis reacciones. Recreándose con la brocha entreabriéndome los labios y rozando mi clítoris cada vez que la pasaba. Sentí como el tacto sedoso de la brocha me estaba humedeciendo. La acercó a mi boca y la metió entera para que la mojase más. Como al parecer no estaba a su gusto me obligó a escupir en la brocha para volverla a pasar por mi vagina dibujando todo su contorno. Cuando retiró todos mis flujos los reservó para usarlos y preparar el jabón con ellos. Los removió en el bol para que cogiesen consistencia y empezó a aplicarme el brebaje en mi vulva, enjabonándola toda.

La posición en la que me había puesto y lo que venía después de la sesión de enjabonado, me estaba excitando mucho a sabiendas que lo que había usado para hacer el jabón eran mis flujos bucales y vaginales. Empezó la tarea de rasurado. Las primeras pasadas fueron por el pubis. La sensación del roce de las cuchillas me causaba escalofríos que poco a poco fueron desapareciendo en la medida que mi excitación iba en aumento.

Cuando consideró que mi zona púbica estaba bien rasurada colocó la yema de su dedo sobre el clítoris acariciándolo, mientras siguió rasurando el contorno de los labios. No pude resistir mucho tiempo en el estado en el que me encontraba. Mi cuerpo empezó a vibrar cuando ya había terminado con las cuchillas. Aprovechó mi excitación para entrar su dedo hasta el fondo de mis entrañas. Sentí como chocaba en repetidas ocasiones la separación que hay entre su dedo pulgar e índice contra mí, lo que me hizo estremecer del placer, sin poder evitar tener una intensa sacudida que provocó mí primer orgasmo de la noche.

En el momento que estaba dando mis últimos espasmos se incorporó para abalanzarse sobre mí y agarrar mis tetas con sus dos manos. Las amasó y luego las juntó en el centro, haciendo desaparecer el canalillo. Resultaba fácil adivinar sus intenciones con su cabeza sobre ellas; su boca cayó implacable sobre mis pezones, duros y jugosos, provocativamente erectos, reclamándole su atención. Empezó a lamer y chupar con mucho entusiasmo, para luego emplearse a fondo con sus dientes mordisqueándolos.

No me había recuperado del todo del primero de la noche. Mi excitación y mi deseo seguían sin saciarse, mi cuerpo pedía más y más, mucho más. ¿Me estaría convirtiendo en una ninfómana? No pude responderme. Separó su boca de mis tetas y se incorporó. Se levantó y se quedó de pie, para mostrarme lo que llevaba en su mano derecha.

Paseó la fusta lentamente por todo mi cuerpo. Intenté adivinar en que parte se iba a detener y donde iba a empezar a acariciarme con aquel elemento de castigo y de placer que provocaba mis reacciones más primarias. La colocó sobre mis labios dando dos pequeños azotes. Me picó. Me ordenó que la besase para que fuese indulgente con mi piel y así lo hice. Se distrajo vapuleando mis tetas azotándolas y haciéndolas saltar. Su mirada clavada en mi ojos, vigilante a mis reacciones, mostraban el poder sobre mí en su posición dominante. Fue moviéndose hasta colocar sus rodillas sobre mis hombros. Me empecé a relamer, intuí que pronto iba a poder saborear aquella maravillosa polla con la que la naturaleza lo había dotado. Abrí la boca instintivamente para poderla recibir pero se apartó de mí. Tomó distancia para que no pudiese alcanzarla.

Levantó su brazo con la fusta extendida y la dejó caer sin darle impulso alguno, salvo la fuerza de la gravedad, con una precisión divina. El primer impacto cayó en mi pubis provocándome un brinco por la sorpresa. Esa parte de mi cuerpo estaba inmovilizada. Después de esa prueba de aproximación empezó un frenético ritmo de pequeños golpecitos de la fusta contra mi zona púbica. Poco a poco fue acercando los azotes a zonas críticas, lo que me hizo arquear mi cuello con la intención velada de ofrecerle mi boca. No tardó en llegar una primera aproximación a mi clítoris que en ese momento estaba en un punto álgido de excitación. Supuse que sonrosado y duro. Esos golpecitos me estaban llevando al desenfreno. El deseo a flor de piel, me sentía a reventar del placer al que me estaba llevando. Seguía con la boca abierta y con el cuello arqueado provocándolo a cada azote con un alarido. Cuando acercó su glande a mis labios los cerré para atraparlo. Fue aumentando la intensidad de los azotes, cada vez con más fuerza, al tiempo que mi boca y mi cuello recibían con intermitencias, la visita tan deseada de su excelencia. Deseaba lamerla, chuparla, saborearla, ser asquerosamente puta y zorra.

Los azotes siguientes me hicieron empezar a temblar y a convulsionarme, escuchaba el sonido de encharcamiento al que estaba llegando mi coño, lo que aproveche para engullirla por completo cuando llegaba a otro maravilloso orgasmo liberador. Estaba eufórica de satisfacción cuando con un roce de mi lengua provoqué deliberadamente que eyaculara. Se salió de mi boca descargando su néctar por toda mi cara y cuerpo. El derrumbe que le produjo su corrida hizo que se dejase caer sobre de mí, para mi mejor sorpresa su boca fue a parar a las puertas del infierno. Mordió mi pubis con frenesí repasando con sus dientes cada milímetro cuadrado de mi piel. En su locura transitoria me agarró de las nalgas para imprimir más fuerza con su boca contra mí. Clavó sus uñas en mi culo mientras me hacía disfrutar con su divina lengua. Sus idas y venidas, arriba y abajo, a un lado y al otro entreabriéndome mis labios vaginales y alcanzando mi clítoris, disfrutando cada segundo del suplicio al que me estaba sometiendo. Cuando cogió mi clítoris entre sus dientes y lo lamió me desboque chillando por el placer sublime al que me estaba llevando.

Se quedó, en esa postura, unos minutos más, recuperándose, mientras me acariciaba dulcemente con su lengua mi pubis recién afeitado. Después me desató y me dormí, acurrucada entre sus brazos, con su mano sobre mi pubis, protegiéndolo de enemigos imaginarios.

Abandoné mis perversos pensamientos fruto del recuerdo de la intensidad con la que me estaba acostumbrando a vivir y me dispuse a apretar el botón de reiniciar para dejarlo todo recogido y recuperar la conciencia con una ducha. Durante el día tenía varios compromisos de los que no podía inhibirme.

Capítulo 26

Escondiéndome de mí mismo seguía leyendo la novela que me regaló Raúl. Me había propuesto abandonar aquella lectura pero cada vez me resultaba más difícil. Sus páginas me tenían absorto con las situaciones que se gestaban por parte de sus protagonistas. No salía de mi asombro por el impacto que me provocaban las escenas que leía. Mi imaginación volaba hasta situarme en mi pasado, cuando fornicar era una actividad cotidiana. Mi mente aún recordaba las sensaciones que mi cuerpo empezó a rehuir hacía ya muchos años y acabó olvidando. Lo que en su día formaba parte de mi vida, paulatinamente fue desapareciendo lentamente hasta quedar en nada. Unos días por unos motivos y otros días por otros, fue quedando en el olvido de mi vida hasta convertirse en algo que solo pertenecía al pasado, sin sentir la más mínima nostalgia.

Hurgaba en los recónditos rincones de mi memoria y ni tan siquiera recordaba aquella incipiente necesidad de los tiempos de juventud cuando las hormonas se escapaban por los poros de la piel. Demasiado tiempo aletargado como para pensar en ello de una forma activa. Meditando sobre el menester concluí que si la naturaleza había dispuesto que eso debiera de ser así era absurdo llevarle la contraria.

Lo verdaderamente importante estaba en mantener una buena calidad de vida, cada día era un precioso regalo con el que me sentía pleno y feliz. Mi recuperación había sido todo un éxito a tenor del punto de declive al que llegué. Con la ayuda de Adela e Inma estaba funcionando todo muy bien. Un buen ambiente y una excelente atención. Con todo había algo que me tenía intrigado. El objeto de la última visita de Raúl y el resultado.

Como una vieja arpía separé un poco el visillo de la ventana del salón de forma disimulada para chafardear y poder ver el aparcamiento y el camino que conduce a él. Los vi salir juntos. Mantenían la distancia, el uno del otro, en el silencio del anochecer creí escuchar que Inma dijo algo a Raúl, cada uno se subió a su coche y salieron uno tras el otro. Adela se acercó sigilosamente por detrás de mí para llamarme la atención.

— ¡Deja a los chicos!

Disimulé…

— Miraba la noche. Parece que hace una buena noche para salir un rato a pasear. ¿Qué te parece Adela?
— No vale la pena Ulises, prométeme que mañana hacemos un buen paseo y nos evitamos salir ahora por la noche con la humedad del rocío cayendo.
— Tienes razón. Como siempre. Prometo una buena ruta mañana.
— De acuerdo. Te tomo la palabra. Ahora vamos a sentarnos un rato en el salón.

Me senté y medité sobre mi nieto. Me había apartado del asunto pasándole la pelota a Raúl para que tomase sus propias decisiones pero me intrigaba saber cómo había terminado su viaje de vuelta aquella noche siguiendo el coche de Inma. Mi olfato me decía que cabía la posibilidad que hubiesen tenido un primer acercamiento fuera del aparcamiento. Intuía que habían empezado a bailar pero sin saber qué estilo de baile, ni quién llevaba el paso. Tuve la tentación de hacerle una llamada con alguna excusa nimia pero reflexioné, me convencí que lo más prudente iba a ser esperar su próxima visita. Me inquietaba saber si había acertado con mi intuición y mi diagnóstico era acertado. Adela me sacó de mis pensamientos.

— Me voy a hacer algo caliente antes de ir a la cama. ¿Quieres algo?
— ¿Qué te vas a hacer?
— No sé. Puede que un café descafeinado con leche.
— Vale. Sí. Hazme uno para mí también.

Cuando Adela se fue a la cocina retomé la lectura de la novela con la intención de dar cuenta de un par de capítulos antes de ir a dormir. Por mucho que intentase rehuirla cada vez me atrapaba más, atraído por la evolución de sus protagonistas y de la tremenda dosis de morbo que proponían los capítulos más intensos. Por un lado se me hacía complejo el pensar que pudiesen ser situaciones reales pero tampoco lo desdeñaba. Me invadía el pensamiento las escenas, turbándome y transportándome a ese mundo paralelo que crean los protagonistas para vivir lo que yo nunca viví. Aunque pudiese ser una fantasía era consciente que desde el punto de vista vivencial me había quedado anclado en el pasado sin posibilidad de retorno. Escuche los pasos de Adela de vuelta de la cocina con mí café con leche calentito y lo suyo. Ella se quedó fascinada mirando el fuego de la chimenea ardiendo y yo seguí entretenido con mi lectura.

– ¿Puedo preguntar por dónde vas leyendo? –dijo Adela.
– Acaban de volver de París. ¿Te sirve como punto de referencia?
– Desde luego que sí. Lo recuerdo todo. Con los próximos capítulos ya verás.

Continué sumergiéndome en la fantasía de ese triángulo que formaban Franc, Marta y Mar con Dimitri siempre omnipresente que, aunque no participaba activamente, dejaba entrever que tenía una vida compleja en el ámbito de lo que ellos llamaban BDSM.

En algunas ocasiones sufría de connatos de erección. Sentía una revolución interna que me sobrecogía, como si mi mente le pidiese a mi cuerpo darle a la llave de encendido, pero en el diálogo entre mente y cuerpo hubiese algún problema en el lenguaje que no condujese precisamente al entendimiento. Con ese corte en la arteria de comunicación –me dije– habrá que hacer reformas estructurales. Sonreí interiormente por el símil, no era ningún propósito pero empecé a albergar la posibilidad de que si había sido capaz de recuperar mis piernas, que no podría recuperar prestando la debida atención y con la ayuda externa precisa. Deje caer mis manos con la novela sobre mi regazo y miré al techo pensativo, intentando calcular la repercusión que podría acarrearme. ¿Podría intentar organizarme un mundo paralelo? Y de hacerlo… ¿Con que excusa podría evadirme de la casa? Y…

Demasiadas preguntas me estaba haciendo sin podérmelas responder, abandoné mis pensamientos y seguí leyendo.

Capítulo 27

Después de cuatro días las marcas de mis nalgas habían desaparecido por completo. También habían pasado cuatro días sin el más mínimo contacto con Franc, ni tan siquiera lo había visto entrar ni salir del edificio. Entre tanto el tiempo transcurría viviendo en la monotonía habitual. Mi mundo paralelo se desmoronaba con tanto silencio y eso me partía el alma. La falta de contacto me hacía sentir como el juguete abandonado. Un inesperado mensaje en el móvil me puso sobre aviso y me revolucionó el espíritu. No acertaba a apretar el botón de encendido del móvil, las ansias pudieron conmigo. Respiré y me sosegué por un instante. Inspiré cerrando los ojos al tiempo que hacía un ruego al universo. Por favor, que sea de él.

—Astrid te va a entregar otro sobre para que lleves a un despacho de abogados. Vas a tener que esperar respuesta. Me he encargado que fuese un lugar lo suficientemente lejos como para justificar tu ausencia toda la tarde, entre el viaje y la espera, así que ya sabes dónde me vas a esperar. 11:47

Una cita a cuenta de otro servicio de mensajería urgente, saboreé el momento como hacía días que no tenía la oportunidad. En mi interior alguien daba saltos y palmas. Mi otra yo revoloteaba sin control y ya se estaba relamiendo sin haberle contestado aún.

—Sí Mi Señor. Comprendo el encargo. Complacida acudiré. 11:48

Lo comenté con Sara para que tuviese en cuenta que por la tarde no iba a estar. Que me habían dado otro encargo de los que me iban a ocupar toda la tarde. Exclamó…

— ¡Cómo te putean! ¿Por qué no envían a Charly que está todos los días tocándose los huevos?

— Sara a mí no me preguntes. La verdad es que me da igual estar aquí metida que paseando para ir a entregar sobres. Total… todo es trabajo, además a mí no me molesta.

— Si a ti no te importa me callo. Al fin y al cabo quien manda, manda.

Una llamada del exterior interrumpió nuestra conversación, Sara respondió la llamada, con lo que me fui a mi mesa a revisar el buzón de correo y dejar preparado el mensaje de mi ausencia por si llegaba algún correo dirigido a mí con algún que otro encargo satánico. Al rato me metí en el office a picar algo para no llegar con el estómago vacío y también hacer un poco de tiempo. Los nervios y mi inquietud iban por libre situándome en el borde del precipicio.

Llegó la hora de salir y yo con la impaciencia desbordándome. Al primer taxi que pasó le di el alto, me subí y le indiqué la dirección. Iba a enviarle un mensaje para preguntarle si deseaba que le recibiese de alguna forma especial atendiendo a sus gustos. Me privé de hacerlo no fuese que me cayese un nuevo castigo. Si desea algo ya lo dirá. Yo estoy para obedecer no para preguntar. Así terminó mi diálogo interno justo en el momento que el taxista llegaba a la puerta de nuestra guarida. Bueno, mejor dicho a la puerta de "su guarida". Eso también me quedó claro. Le pedí el ticket y pagué.

Traspasé el umbral de la portería con una sonrisa de satisfacción. El cotilla del portero estaba en su descanso para comer con lo que su garita estaba cerrada. Tomé el ascensor y apreté el botón de subida. No sabía muy bien si en dirección al cielo o al infierno. Ahí estaba yo inquieta e impaciente por conocer cuál iba a ser mi destino y que se le ocurriría para llenar todas las horas de aquella tarde. Inocentemente conté con los dedos. ¡Seis horas! Exclamé para mis adentros.

Cuando llegó el ascensor a la planta ya llevaba las llaves en la mano. Salí y enfoqué la llave en la cerradura para abrir la puerta, creyéndome que llegaba la primera. Ahí estaba él. De pie en la sala de la entrada. Con la fusta en su mano dándose azotes en el lado derecho de su pierna y mostrando su furia por algún motivo que desconocía.

– Llega tarde señorita.
– Lo siento Señor. El taxi fue por el camino más corto.
– Muy bien. Pasa. No te quedes en la puerta. Tengo prisa por catar y saborear a mi puta.
– Sí Señor.
– Para hoy tenemos menú degustación.
– Lo que mande Mí Señor.

De su espalda sacó un sobre que tenía oculto a mi vista y estirando su brazo me lo entregó. Era igual al que yo llevaba en la mano. Cuando lo tomé en mis manos caí en la cuenta. Era el sobre que traje el otro día y que dejó guardado en el cajón de su escritorio.

– ¡Ábrelo!

Lo abrí sin rasgar el sobre, por la lengüeta engominada, metí la mano dentro para coger su contenido mientras hacía equilibrios con el otro sobre debajo de mi sobaco y el bolso que llevaba colgado de mi brazo.

– ¡Hostias! –dije por la sorpresa.
–¡Póntelo!

Deje caer los dos sobres al suelo y mi bolso. En mis manos un collar. Mí nuevo collar. Fabricado en piel negra con tres hebillas para cerrarlo y ajustarlo al cuello. Cuando vi que en la parte de delante llevaba mi nombre grabado en cristales casi se me saltan las lágrimas de la emoción. ¿O sea que me había encargado ir a recoger mi propio regalo a través de Astrid para traerlo aquí y ahora entregármelo? ¡Qué perverso!

Acerqué el collar lentamente a mi cuello y él se acercó a mí tirando con rabia la fusta contra el suelo. Se colocó detrás de mí y sentí sus manos sobre mi cuello. Lo abrí para que me lo pudiese colocar. Cuando lo tuvo entre sus manos, dejé caer las mías para cruzarlas en mi espalda. Ajustó primero una solapa y luego la otra sobre la primera. Empezó a abrochar una a una las hebillas, ajustándolo fuerte. Inmovilizó mis brazos agarrando con su mano el nudo que había hecho con mis muñecas, me sujetó del pelo para guiarme y llevarme caminando. En una primera parada me tumbó sobre su escritorio. Allí me dejó unos instantes mientras abría el armario de los juguetes y se proveía de los suministros de material. Cerré los ojos para no ver, deseaba sentirme sorprendida como lo había sido con el collar. En mi mente el eco de mis cálculos. ¡Seis horas!

De vuelta de su provisión se colocó rozando mi culo con sus pantalones golpeándolo con ligeros movimientos de su pelvis. Paso una cuerda por mis muñecas para anudarlas a mi espalda. El sonido metálico de la correa que ajustó a mi collar me hizo abrir los ojos cuando la dejó caer sobre la mesa. La sensación de vulnerabilidad era cada vez mayor. Decidida a estar totalmente entregada a sus deseos permanecí recostada sobre el escritorio hasta que decidió hacerme incorporar mientras mi entrepierna se llenaba de humedad.

Tomó del asa de la correa y con un certero estirón me hizo levantar para quedarme en pie frente a él. Olisqueó mi cara como un perro sabueso mientras empujaba mi cuerpo para forzarme a caminar marcha atrás hasta que sentí la pared a mi espalda. Colgó el asa de la correa en una percha chaquetera de la pared. Pasó las manos por mi cintura, desabrochó el botón de la falda y descorrió la cremallera dejándola caer al suelo. Agarró mi tanga con una mano y lo arrancó con fuerza y rabia. Estaba predestinada a no llevar ropa interior y si la llevaba iba a terminar rota o desgarrada. Me abrió la chaqueta para desabrochar los botones de mi blusa mientras sus ojos no se apartaban de los míos. Mi excitación iba en aumento al sentir como palpaba mi cuerpo que al calor de sus manos se derretía por donde pasaban. Abrió mi blusa y apretó su cara contra mi pecho. Me entusiasmo sentir el calor de sus labios sobre mi piel. Los paseos que dio con sus labios recorriéndome toda, me hicieron sentir un estremecimiento en el estómago y un apretón en mi vagina. Estiró del sujetador hacia abajo haciendo saltar las tetas por encima de él, metiéndose en la boca uno de mis pezones que cogió al vuelo. Ambos estaban ansiando ser usados para satisfacer sus deseos. Los chupó con frenesí, los mordió con rabia y los saboreó con pasión. No tardó en abordar con su mano mi húmedo coño que a su tacto se abrió cediéndole el paso. Sentí como su mano impregnada en mis flujos me penetraba sin ninguna consideración, con una fuerza inusitada. Separó su cabeza de mis tetas y acercó sus labios a mi oreja.

— Hoy te voy a tratar como lo que eres. Mi puta y mi zorra. No voy a tener piedad de ti. Hoy vas a aprender a enlazar orgasmos. Además

quiero que los cuentes en voz alta para mi satisfacción.
– De…. De… de acuerdo…. Uffff… Uno

Pensaba que al escuchar el "uno" iba a parar, pero seguía penetrándome una y mil veces con esos dedos mágicos que tiene, perforándome y taladrándome, no dejando ni un solo rincón sin ser visitado por la pericia de sus manos. Sin darme cuenta, abandonada a sus ataques temblé y a punto estuve de caer al suelo cuando dije dos. Tampoco se paró, siguió atacando mi coño con más fuerza, golpeándolo en cada penetración, entrando cada vez a mayor profundidad y sintiendo en cada envite de su mano como llegaba al fondo. Inspiré llenándome de aire los pulmones cuando me vi ante el impulso de apretar los dientes y al soltar el aire pronuncie el tres. Exhalé como un atleta creyendo finalizada la carrera. ¡Qué equivocada estaba! Nunca me había pasado antes, tener tres orgasmos casi seguidos. Al parecer aquello no se acababa, aún quedaba mucha tarde por delante.

Cogió el asa de mi correa del perchero y agarrándome del pelo me tumbó de nuevo boca abajo en el escritorio. Menudo panorama, totalmente inmovilizada de cintura para arriba. Sentí el frio de la mesa sobre mis pezones. Puso su mano en mis labios…

– Límpiame los dedos que me los has dejado chorreando.

Abrí mi boca y saqué la lengua para limpiar sus dedos de los restos de mis flujos, me centré en esa tarea cuando palmeo mis nalgas con su otra mano. A cada azote más pasión ponía en la limpieza. Cayeron unos cuantos que no llegue a contar, los suficientes para empezar a sentir el calor en mi piel. Cuando dejó de azotarme sentí como hurgaba en mi coño con algo duro que me penetró hasta el fondo de mis entrañas.

– Ahora te quiero sentir muy zorra – dijo en el momento que ponía en marcha el instrumento con el que me había penetrado.

Empezó con un pequeño cosquilleo que fue en aumento. Supuse que era algún vibrador nuevo con varias potencias. Sacó su otra mano de mi boca para sujetarme la cabeza poniéndola sobre mi pelo para que no la pudiese levantar.

Aquello me empezó a gustar, intenté apretarlo con mis paredes vaginales para que no se pudiese escapar y al hacerlo no pude contenerme. Me volví a correr descontrolada, esperé unos segundos para pronunciar el cuatro. No me lo sacó y aquel instrumento siguió haciendo su trabajo y yo el mío. Me había gustado el efecto que sobre mí había resultado apretarlo con lo que un nuevo intento me llevó al mismo resultado y entre resoplidos nombre al cinco.

— Te voy a poner una colita como las zorras.

Separó mis nalgas y sentí un frío pringoso en el esfínter de mi culo. Lo apretó contra mí y me penetró dejando colgada la cola de zorra que me había colocado. Aumentó de nuevo la velocidad de giro del vibrador. No podía resistir mucho más, mi cuerpo temblaba ante otro inminente arrebato de placer. Cuando pronuncié el seis detuvo el vibrador y me dejó tirada encima de la mesa con el coño perforado y la cola de zorra en mi culo.

— Me voy a fumar un cigarro. ¡Espera aquí!

Hice un pacto conmigo misma. Pasase lo que pasase aquella tarde iba a aguantarlo todo y más con lo que estaba descubriendo de mí. Nunca antes me había corrido tantas veces seguidas y enlazando unos con otros. Aquello era todo un descubrimiento. Escuche a Franc moviendo muebles pero no podía ver lo que estaba haciendo. No me cabía ninguna duda que lo iba a descubrir pronto. Volvió para sacarme el vibrador del coño de un tirón y me hizo incorporar. Me sujetó del antebrazo para que me levantase y me llevó hasta la sala de la entrada. Había dispuesto una mesa camilla como la que había en la tienda de tatuajes de Salva y un taburete a los pies de la camilla. Supuse que lo había comprado todo. No me dio tiempo a preguntarle cuando dio una palmada sobre la camilla para hacerme sentar. Seguía con mis brazos inmovilizados con lo que mi movilidad estaba acompañada de muchas torpezas. Se quedó delante de mí provocando mi mirada con la suya. Acabé cerrando los ojos momento que aprovecho para ponerme un antifaz en la cara y privarme de la visión. Me tumbó en la camilla, inmóvil, cegada y con la colita de zorra a su entera disposición. Intentaba recuperarme de la presión orgásmica a la que me había sometido cuando sentí que anudaba una cuerda a mis tobillos. Primero uno y después el otro. Debió de pasar las cuerdas por la barra elevada que había en la sala de la entrada. Mis tobillos empezaron a tomar altura. En aquella situación mi imaginación empezaba a volar. Me agarró de las caderas y me arrastró sobre la camilla para situar mis nalgas en el borde. Del ímpetu del arrastre casi se me sale la colita con lo que la introdujo mejor. Levantó un poco más mis tobillos y los separó cuando anudó la cuerda en la barra.

— Así es como quiero tener a mi puta para saciar mi sed de coño.

Cuando me llamó puta me estremecí. Esa palabra en ese momento encendió mi excitación. Mi cuerpo a su total disposición, entregado a sus placeres. Sentirme su puta me ponía a mil. Mi coño estaba preparado para lo que a él se le antojase.

— Ahora te voy a sacar unas fotos con mi móvil. ¡Quizás las cuelgue en la red!

Me daba igual, que las colgase donde quisiese. Para eso era suya, para que hiciese lo que le viniese en gana. No pensaba renunciar a ser su zorra y su puta así que solo esperaba a sentir como mi coño lo iba a saciar. No tarde en descubrirlo. Se sentó en el taburete y su boca vino a parar a mi entrepierna. Lamió y mordió mis muslos mientras con uno de sus dedos iniciaba una incursión en mi coño. No pude resistir un gemido cuando se agarró con sus manos por la parte exterior de mis muslos y dejó caer su cabeza sobre mí. Cuando sentí sus labios besar los labios de mi sexo gemí al pensar lo que me esperaba. Selló sus labios con los míos y di un respingo cuando el tacto húmedo de su lengua acarició mi clítoris en una primera pasada. Sus uñas se hundieron en mi carne al tiempo que me penetró con esa lengua rebelde que no sabe estar quieta. Fue alternando el baile de su lengua rondando mi coño con la sutileza de sus dientes al agarrar entre ellos mi clítoris para mordisquearlo. No dejó de presionar con sus manos mi cadera para forzarme a abrirme más y poderme saborear al límite de lo posible. Mi cuerpo empezó a sudar y me empecé a marear, necesitaba una pequeña parada porque me estaba volviendo loca de placer. No paró de chupar, lamer, morder y atraerme hacía él con fuerza hasta que consiguió escucharme entre sollozos el número siete mientras transitaba hacia la locura. Fue en ese momento cuando se incorporó y se acercó a mi cara.

— Quiero que me limpies la boca con la tuya, tu coño me la ha dejado pringada.

Deseaba tanto tenerlo cerca de mis labios, deseaba comérmelo a besos, mi alma me lo pedía a gritos y que mejor oportunidad que la que me brindaba la excusa de limpiarle la boca con la mía. Disimuladamente me estaba saciando de él y reconfortando mi alma, solo lamentaba el no poderlo abrazar. Estrecharlo contra mí para sentir a través de mi piel los pálpitos de su corazón bombeando y colgarme de su cuello con las manos entrelazadas. Se apartó de mí soltándose de mi boca y dejándome con las ganas de saborearla más. Luego me di cuenta que habría sido un error tremendo, cuando se apartó se fue a los pies de la camilla y me dio un par de azotes de aviso.

El sonido de su cinturón al desabrocharlo me hizo palidecer, estiró de él hasta pasarlo por todas las trabillas de su pantalón y liberarlo. Creí que lo iba a usar conmigo. Esta vez no fue así, sentí como lo dejaba enrollado sobre mi vientre. Escuche como se quitaba los pantalones y me empecé acelerar, hacía tanto tiempo que no lo sentía dentro de mí que lo ansiaba. La caricia que me proporcionó su glande, duro y tenso, en la puerta de entrada de mi coño despertó mis instintos más salvajes. Soñaba con aquella maravillosa polla follándome, solo de pensarlo me puse salida como una perra en celo. Deseaba que entrase como un salvaje hasta reventarme de placer pero no lo hizo. Entró con sigilo, poco a poco, abriéndose mis carnes al paso de su flamante pene, haciéndome sentir su dureza en cada roce. Sentí como mi culo se estaba mojando, desbordada por mis flujos que resbalaban hacía él. Apreté mis paredes vaginales para retenerlo y entonces recordé que eso era mi perdición. Él siguió en su empeño entrando y saliendo de mí sin parar, descomponiéndome en cada uno de sus movimientos, sin piedad de mi pobre cuerpo que se desvanecía entre sus manos, con la misma voluntad que una muñeca de trapo siguiendo los movimientos que el vaivén de quien me estaba manejando se le antojaba. Un nuevo vahído me invadió, creí desmayarme por tanta excitación y empecé a hiperventilar. Mi respiración se quedaba bloqueada por momentos, se salió de mí y me empezó a soplar en la cara al tiempo que me acariciaba los costados con suavidad para ayudar a recuperarme. Mi mente se había quedado instalada en la senda de un placer interminable, perdida con las convulsiones que no cesaban, ya no atendía a nada. ¡Qué sensación más brutal!

En pocos minutos me empecé a estabilizar, mi respiración acompasó su ritmo y mi cuerpo dejó de convulsionar. Me hizo incorporar, casi no podía con mis fuerzas y con las limitaciones de mis movimientos, me puso de pie en el suelo, temblorosa e inestable, mis piernas mostraban síntomas de debilidad. Caí de rodillas al suelo y me crujieron todos los huesos. Me cruzó la cara con dos bofetones, uno de ida y otro de vuelta. No los vi llegar con el antifaz puesto. Se levantó del taburete y se agachó detrás de mí, desanudó mis muñecas y saco la americana, la blusa y el sujetador.

— Quiero que limpies mi polla.

Abrí la boca como un pajarito buscando su alimento a ciegas. Moviendo la cabeza de un lado a otro intentando encontrar el tacto cálido de su piel. Me hizo estar así un rato. Me consta que lo hizo expresamente, disfrutando de ver mis ansias de cazar entre mis labios aquel tesoro carnal que era su pene en erección. No pude evitar la tentación de acelerar el momento y me abracé a sus piernas para poder alumbrarme en mi ceguera y divisar el camino hacía olimpo de su sexo.

Cuando mis labios rozaron la piel de sus huevos mi lengua se asomó para lamerlos. Me llamó la atención.

— Esa parte no está sucia. No sigas por ahí.
— Si Mi Señor.

Adosé mis labios como una ventosa a su piel resiguiendo la ruta de su polla hasta poderme zampar su glande. Me la comí entera a la primera de cambio que pude, luego la ensalivé bien y se la limpié del todo. Me encantaba tenerla en la boca y juguetear con ella. Disfrutaba tanto que me habría pasado toda la tarde atendiendo las caricias que según mi parecer necesitaba su polla. No me dejó mucho tiempo con mi recreo, se apartó de mí dejándome arrodillada y con el antifaz puesto. Lo creía mío y se me escapó.

 Sentí sus manos sobre las mías para acompañarlas y dirigirlas al destino que él había planeado. Juntó mis manos como si su deseo fuese hacerme rezar, palma contra palma, hasta que por la dirección que me llevaba intuí dónde iba a llegar. En un primer acercamiento, su polla rozó mis manos, las entreabrí para intentar cazarla. A ciegas me resultaba difícil acertar a la primera. Él me guio. Pringó mis manos con un líquido gelatinoso y se apresuró a situar su sexo entre mis manos completamente lubricadas. Palpé su consistencia, que reaccionó al frío del lubricante, poniéndose más dura y espléndida. Creí que deseaba ser masturbado. Iba a hacerlo cuando el inicio del movimiento de sus caderas me indicó que lo que pretendía era follarse mis manos. No tardé en notar como sus venas se llenaban y se le hinchaba avisándome de su inminente explosión. Su néctar caliente cayó sobre mi cuerpo en diferentes ráfagas que fueron resbalando en mí dejando un reguero en todo mi torso. `

Tomó del asa de mi correa y estiró de ella. Me llevó arrastrando mis rodillas por el suelo hasta el baño. Me hizo entrar en el plato de ducha para dejarme arrodillada dentro y él se metió tras de mí. Cerró las mamparas y antes de abrir el agua se puso delante de mí.

— Te voy a marcar con mi olor como a una perra, para que quien te huela sepa que eres mía.

Me sacó la correa y el collar y lo arrojó fuera de la ducha. Su deliciosa lluvia dorada cayó sobre mí rociándome con su olor. Su orina caliente recorrió todo mi cuerpo eliminado los restos del néctar que había derramado sobre mí. Cuando terminó de marcarme abrió el grifo del agua y el primer impacto del agua fría sobre mi cuerpo me hizo dar un respingo. El chorro de agua fue atemperando hasta que salió del todo caliente. Me hizo ponerme derecha para enjabonarnos mutuamente entre abrazos que envolvían nuestros cuerpos. Sus manos me frotaban y yo a él. Me besó entre la espuma de jabón y el calor del agua cayendo sobre nuestros cuerpos. Cerró el agua y nos salimos de los ducha para secarnos. Me abrazó desde la espalda con una toalla para abrigarme y al mismo tiempo secarme. Frotó con energía mis brazos y mi espalda para que no perdiese calor.

Ya vestidos salimos a destiempo, primero él y después de unos minutos salí yo para que nadie nos pudiese ver juntos. Me dijo que me esperaba en la puerta del ascensor del parking. Se ofreció a acompañarme hasta las inmediaciones de mi casa. Decía que en mi estado no me iba a dejar ir sola. ¡Qué recuerdos me traía aquel parking y su ascensor! Allí fue donde arremetió contra mí en nuestra primera cita.

Me hizo subir a su coche en el asiento de atrás. No era su audi4 donde me llevó el primer día pero la sensación fue la misma. Verlo a través del espejo retrovisor desde el asiento trasero. Mirar a sus ojos y sentirme pequeña a su lado.

– Dime una cosa Franc ¿En qué consiste ese famoso 24 + 1?

Capítulo 28

La noche era oscura y fría, eran las seis de la madrugada cuando abrí la puerta del coche que había dejado en el aparcamiento. Los cristales estaban mojados por fuera y se empañaron por dentro con mí respiración al entrar. Arranqué el motor para poder poner la calefacción en marcha y aliviarme un poco de las bajas temperaturas a esas horas intempestivas. Froté mis manos una con otra con energía para calentarlas un poco mientras recomponía mi cuerpo y mi espíritu.

Seguía saboreando el reciente recuerdo de las horas que permanecí con Inma en su habitación secreta. El tiempo se paró en esa habitación dejando paso a un placer sin límites. Allí empecé a descubrir la realidad de algunos sueños y el inmenso abanico de propuestas donde las fantasías pueden conducir. Derroteros inciertos donde recorrer los pasillos del deseo inevitablemente llevan al salón del placer.

Entrar en su habitación secreta fue un acto de gallardía o inconsciencia que me llevó a convertirme en su golosina. Atravesar la puerta significó entrar en un mundo nuevo y desconocido para mí. Descubrí que mis relaciones anteriores solo habían sido escarceos de iniciación en mis relaciones con el otro sexo. Inma se acababa de convertir en mi diosa de la pasión y del deseo. En escasas horas y bajo la batuta de su dirección aprendí a vivir. Percibí como se activaba dentro de mí un dispositivo emocional que me llevó a tocar con las yemas de los dedos el séptimo cielo. El baile empezó cuando reclamó mi mano para conducir mis pasos y guiarme. Me dejé llevar por ella donde la música y la melodía surgen de la imaginación.

—A partir de ahora seré tu Señora y así me llamaras. ¿De acuerdo?

Asentí con la cabeza y me brindó su mano como las señoritas de alcurnia para que la besara. Olía a rosas y jazmín, fruto de alguna esencia aromática que ella misma se había aplicado. Quizás fuesen esencias mágicas para perturbar la mente humana. Ese aroma me llegó hasta la pituitaria y el resto lo hizo la química de mis hormonas. De su mano entre en un mundo fantástico de deseo y pasión. Su habitación secreta iba a convertirse para mí en el templo del placer, donde poder disfrutar sin freno de todas las propuestas que mí guía tuviese a bien proponer. Su misión ser mi guía. Mi misión seguirla donde quisiese llevarme de su mano.

Una vez besé su mano me dijo que todo lo que sucediese en esa habitación se quedaba allí dentro y que formaba parte de los secretos que celosamente conservaban las paredes de aquel reducto silencioso tras de su puerta. Después de darme esa indicación su mutismo se congració con el silencio de las yemas de sus dedos recorriendo mi cara y mi cuello. Me hizo sentar para abrazar mi cabeza contra su pecho y acariciar mi pelo como un niño pequeño, peinando mis cabellos hacía atrás con sus dedos para dejar al descubierto mi frente.

Me asaltaron los miedos cuando observé lo que había colgado en la pared. Un mural lleno de fustas, látigos y paletas. Ella se dio cuenta y anduvo jugando con mis miedos moldeándolos a su antojo. Levantó mi cara poniendo un dedo en mi mentón para poner mis ojos frente a los suyos. El silencio se vio roto por su pregunta ¿Tienes miedo? Respondí con mi mirada. Una combinación explosiva de emociones; ternura, miedo y pasión me invadían por los cuatro costados paralizándome, sin poder hacer nada más que dejarme llevar, depositando todas mi sensaciones en sus manos para que las gestionase a su conveniencia. El roce de sus labios con los míos puso mi corazón a punto de explotar, tuve que tomar aire con fuerza por la nariz para frenar la presión a la que mi química me estaba sometiendo. Mi corazón palpitaba a mil revoluciones por minuto al saborear el placer de sus labios cuando tuvo a bien sellarlos con los míos.

Poco a poco me invadió con su humedad solapando su sentir con el mío, rellenando los espacios vacíos de mi boca con las involuciones de su lengua. Sus manos y su boca se desengancharon de mí y tomo distancia para mirarme a los ojos. ¿Vas a ser buen chico? Me preguntó. ¿Qué le iba a responder? ¿Qué no? En aquellas condiciones y mi situación solo cabía una respuesta lógica. Claro que voy a ser buen chico Inma, le dije, asintiendo con mi cabeza. Deseaba que me volviese a abrazar y sentirme entre sus brazos. Me esforcé en retener el aroma de su piel en mi memoria olfativa para poderme recrear cuando no la tuviese delante. Me beso en la frente y luego bajo por mi nariz para acabar otra vez en mis labios sedientos de su calor. Cuando creyó oportuno abandonó mis labios para recorrer mi mejilla, ardiente por el rubor del momento, hasta llegar a la oreja. Allí se recreó saboreándola y mordisqueándola hasta llenarse la boca con ella.

Aquella mujer apasionante, que me cautivo desde el primer día que la vi, me tenía entre sus brazos jugueteando conmigo como si fuese su peluche favorito, el que le acompaña en su cama en las noches de soledad. Al mismo que le pellizca la nariz y le mira a los ojos preguntándole ¿Quién será osito, quien me llene como mujer?

Me abandoné a sus caricias, convencido que era lo que deseaba de mí, por un momento me sentía en un enjambre de pasiones delirantes queriendo ser ese osito silencioso al que le hace preguntas intimas y con el deseo de darle como respuesta a su pregunta un "Yo seré quien te llenaré como mujer" y añadiría "con todo lo que esté a mi alcance y desees". No estaba pensando en nada físico para llenarla sino en aspectos más emocionales como sentirse llena por el mero hecho de sentir mi compañía o mi mano bajo la suya.

El baile ya había empezado y la música silenciosa estaba dando sus primeros compases. Con mi cuerpo tembloroso, por el miedo de no tener un traspié, seguía danzando con Inma que iba marcando el paso; nuestras miradas cohabitaban en comunión, frente a frente, como único lenguaje legible para poderla interpretar mejor.

Se apartó de mí para tomar una la distancia de su brazo extendido, supuse que formaba parte de la danza, su mano sobre mi pecho bloqueándome la posibilidad de acercarme por mi voluntad. Me mostró algo que se metió en la boca y empezó a saborear pasándolo de un carrillo al otro. Mi nerviosismo crecía por momentos provocando temblores añadidos a los que habitaban en mi cuerpo, ella soplo en mi cara para aliviarme y su soplo me llegó cargado del aroma del caramelo de menta que estaba chupando.

—Ahora que te tengo a distancia, quiero que te desnudes para mí. Despacio sin dejar de mirarme en ningún momento a los ojos.

Desabroché mi camisa, botón a botón, sin apartar mis ojos de los suyos. ¿Deseaba contemplarme desnudo ante ella? Me iba preguntando mientras Inma desabrochaba el botón central de mi pantalón y descorría la cremallera.

—Quiero que te lo bajes todo hasta los tobillos, poco a poco, primero los pantalones, y después los calzoncillos, y déjalos ahí, sin quitártelos. Y gírate muy despacio, que pueda apreciarte bien y ponerte nota. Me gusta saber cómo son mis juguetes.

Tal y como me había indicado hice hasta dejar arremolinados mis pantalones junto a mis calzoncillos en mis tobillos. La mano que aún mantenía plana sobre mi pecho dejó de ejercer presión sobre mí sin separarse. Solo comprendí ese gesto cuando con la otra mano y con su dedo índice me hizo seguirla. Caminando de aquella forma con los pantalones bajados, que no me dejaban dar pasos largos, caminando como un pingüino, siguiéndola en su pequeño paseo alrededor de la sala.

Me sentía ridículo, humillado y al mismo tiempo excitado. En ese trance de emociones percibí como mi miembro llamaba la atención con su espectacular erección. Ella seguía tal y como salió de su habitación, con sus medias de seda negras y sus zapatos de tacón en charol negro, su blusa blanca entreabierta dejaba adivinar sus prominentes tetas. Puso mi espalda contra la pared y se agachó quedándose en equilibrio sobre sus tacones, sus rodillas separadas mostraban parte de sus turgentes muslos. Sus manos vinieron a apoyarse en mis caderas para mantenerse sobre sus talones o eso me pareció. Mi opinión sobre el caramelo de menta que llevaba en la boca cambió cuando sentí como sus labios tomaban mi miembro y lo succionaba hasta tener mi prepucio en su boca. ¡Dios que sensación! Nunca pensé que un caramelo de menta extrafuerte pudiera provocar ese contraste con el calor de su boca. Esa combinación explosiva provocó que un intenso escalofrío recorriera todo mi cuerpo. Después de unos minutos saciándose, apartó su boca de mi polla y se quedó mirándome a los ojos…

—¿Qué? ¿Te gusta? Si quieres que siga, vas a tener que suplicármelo.

—Por favor. Sigue. —dije entre los primeros jadeos

—Eso no es suficiente.

—Te lo suplico, sigue.

—Sigues sin pedirlo correctamente.

—Señora, se lo suplico.

—¡Humm! — puso cara de pensativa mirando hacía la esquina de la pared. Vas a hacer algo por mí.

—Haré lo que me pidas.

—¿Cómo te he dicho que te dirijas a mí, perro?

-Haré lo que me pida, Señora.

—¿Seguro?

—Sí. Sí. Seguro.

—Por lo pronto serás mi perro y te pondré un collar y una correa. ¿De acuerdo?

—Sí. Sí. De acuerdo.

—De acuerdo… ¿Qué?

—De acuerdo Señora.

—¡Humm! Tú prometes pequeñín. Pero antes de ponértelo quiero que vayas a la cocina y me prepares un gin tonic. ¡Tengo sed!

Con los pantalones a la altura de los tobillos, fui caminando como me fue posible hasta la cocina. Le preparé un gin tonic en vaso largo, con su limón y tres cubitos de hielo. Cuando regresé a la habitación secreta, con su coctel en una bandeja, Inma estaba sentada en un butacón, con sus brazos separados, extendidos en los apoyabrazos, mirándome con altivez. Le acerqué la bandeja para que tomase el vaso y lo probase. Mientras lo hacía me quedé delante de ella, estático, esperando algún signo de aprobación. Bebió en pequeños sorbos, saboreando el gin tonic y el momento, sin dejar de mirarme de arriba a abajo. La vi disfrutar y eso me llenó de satisfacción. Me hizo arrodillar delante de ella y con una sonrisa traviesa, agarró uno de los cubitos de hielo y empezó a frotarlo despacio por mi pecho, acercándolo a mi pene cada vez más hinchado, jugaba con mi ansiedad, con mi deseo, mientras separaba sus piernas como una invitación lejana.

En un momento dado me ordenó girarme y ponerme a cuatro patas. Un estremecimiento recorrió todo mi cuerpo por mi sensación de vulnerabilidad temiéndola detrás de mí. Noté sobre mí otro cubito de hielo recorriendo mi espalda y acercándose a mis nalgas. Un escalofrió recorrió mi piel erizándola y endureciendo más si cabía mi dolorido pene. Cuando sentí sobre mi rabadilla el gélido efecto del cubito de hielo contraje las nalgas lo que me supuso sentir un par de azotes con la palma de su mano sobre ellas. Siguió jugueteando con el hielo cada vez más pequeño, lo pasó rodeando mi ano y haciéndolo palpitar y luego lo bajo para dar un repaso por el perineo. La sensación fría sobre la piel de mis testículos hizo que se contrajesen provocándome un efecto devastador. Cuando se deshizo el hielo noté el tacto de su dedo en mi orificio anal tentando la entrada, anunciándome nuevas sensaciones. Con otra palmada en las nalgas me hizo cambiar de posición y tumbarme en el suelo mientras ella seguía plácidamente contemplándome sentada en su poltrona. Me obligó a masturbarme mientras me miraba, parándome con el pie cada vez que notaba que me acercaba al orgasmo. Se levantó del sillón para colocarse entre medio de mis piernas mientras seguía con mi mano friccionando mi polla obedeciendo sus deseos. Empecé a sentir un intenso calor recorrer todo mi cuerpo, cada segundo necesitaba más aire que tomaba con intensidad por mi nariz obedeciendo esta vez a mi naturaleza, a punto de explotar me frenó jugueteando con los dedos de su pies en mis huevos. De mil a cero en un segundo, resoplé por la intensidad del momento, agonizando de deseo. No dejé de mirar a sus ojos como me había exigido, mojó un dedo en el gin tonic y lo paseó por mi glande, no debió parecerle suficiente cuando vació el resto del vaso sobre mi estómago frenando así otra vez mi inminente eyaculación. Apartó mi mano de mi dolorido pene y colocó mis brazos en cruz. Refregó la rodaja de limón contra mi polla al tiempo que me explicaba que el limón era un buen desengrasante y que mi miembro debía de estar en perfecto estado de revista para ella, luego me la llevó a la boca ordenándome sujetarla únicamente con los labios y morderlo solo cuando eyaculara.

—Humm —pronunció ella—Que exquisita mezcla de sabores, la menta y el limón y ahora polla. —dijo lamiéndose los dedos.

Se agachó para tomar entre sus labios el objeto de su deseo y del mío. La relamió humedeciéndola con su saliva y tras unos minutos de excitación de repente de separó de mí, dejándome otra vez con las ganas de explotar.

—Por favor Señora.

—Por favor ¿Qué?

—Necesito…

—Yo te voy a dar lo que tú necesitas…

Levantó su blusa y con su mano derecha apartó a un lado su braga mostrándome su vulva totalmente rasurada. Me miró con desdén de pie entre mis piernas. No pude evitar mirársela y al apartar mis ojos de los suyo me reprendió.

—Te he dicho que me mires a los ojos, perro. Te voy a castigar por lo que acabas de hacer.

—Perdón Señora.

Cambió de posición para situar un pie a cada lado de mis caderas y se dejó caer para quedarse en cuclillas encima de mí. Con suma destreza agarró con fuerza mi polla con su mano derecha. Se apoderó de ella y ya que no podía dejar de mirar a sus ojos, me centré en sentir. ¡Y cómo sentí! Lo primero el calor de esa boca sin dientes que exigía su tributo. Su cálido flujo resbalando por mi glande resiguiéndolo, pringándome toda la polla y poniéndome a mil. Acabó dejándose caer, empalándose ella sola y quedándose ensartada cuando se dejó caer del todo, sentada sobre mi cadera. Hincó sus manos planas sobre mi pecho para asegurarse un punto de apoyo mientras inició una serie de movimientos pélvicos encaminados a castigarme. ¡Vaya si me castigó! Haciendo presión con los músculos de su vagina cada vez que se salía de mí para volverlo a hacer cuando se dejaba caer de nuevo. Una serie de sentadillas que me llevaron al último confín. Intenté resistir sus acometidas pero era tal la brutalidad con la que me estaba follando que fue superior a mi capacidad de resistencia. Apreté los dientes y dejé en blanco mis ojos en el momento cumbre. El golpetazo que recibí en mi pelvis con la suya, junto al abrazo y la presión de su vagina cuando se dejó caer del todo acabó conmigo y eyaculé con desenfreno toda mi carga en su coño, en el mismo momento que sus convulsiones la llevaron a explotar cuando sintió el calor de mi corrida mientras me pellizcaba los pezones y la acidez del limón me inundaba la boca.

Ese fue el preludio de una larga noche de agonías y placeres.

***

Se me estaban pasando los minutos sentado en el coche rememorando todas las escenas de lo acontecido aquella noche. No podía olvidar el aroma de su piel ni el brillo en sus ojos. No, no podía y no quería. Todo ello ya formaba parte de mí reciente historia. Me saqué del bolsillo el billete de 5 euros que Inma me había colocado en la goma de mi calzoncillo. Lo extendí delante de mis ojos para mirarlo por un lado y por el otro. En ese instante decidí que le iba a tener que llamar más veces para poderle enseñar muchos bocetos más. Con el habitáculo del coche ya caliente, pisé el embrague, metí la primera, e inicié la marcha.

Capítulo 29

Ojeé el periódico a primera hora como de costumbre, mientras me tomaba el café de las mañanas. En las páginas centrales un anuncio me llamó la atención. Faltaba un mes para la celebración de un nuevo certamen del salón náutico. Por un momento pensé en comentar con Dimitri la oportunidad de poder exponer nuestras creaciones más deportivas, nunca está de más aprovechar este tipo de ferias para darse a conocer. No tenía conocimiento si nuestra empresa había estado presente en anteriores certámenes, por lo que le envié un correo a Astrid para que, cuando llegase, recabara información, antes de hablar con Dimitri, si tenía conocimiento de anteriores ediciones, sobre quien llevaba la organización y si aún estábamos a tiempo para podernos inscribir. Consideré una ocasión que solo se presenta una vez cada año y no sería desdeñable tener presencia en el certamen.

Advertí que había recibido un correo en la bandeja de entrada que abrí inmediatamente, llevaba como remitente el correo de Dimitri.

De: Dimitri247@mail.ru
 A: franccirera@navaldinamic.com
Mi querido amigo:
Considerando que me levanto y empiezo a trabajar tres horas antes que tú hoy me he tomado la libertad de hacer una reserva de un stand para el salón náutico de este año al que espero y

deseo que podamos asistir con nuestros yates de gran eslora. Te enviaré por correo electrónico las credenciales tan pronto las reciba.
Un abrazo.
Dimitri

Me quedé estupefacto. Como de costumbre me había tomado la delantera. Que amanezca antes en Moscú es toda una ventaja. ¡Ya lo teníamos servido! El salón náutico estaba a la vuelta de la esquina y al parecer estábamos inscritos. Dimitri se había ocupado del asunto. Cuando llegó Astrid la llamé para decirle que Dimitri llevaba el tema de la inscripción en la feria y que se olvidase de ello. Le pedí que me diese información de si en ediciones anteriores se había asistido y si había un registro de los contactos y las ventas promovidas en la feria.

En mi agenda tenía previsto esta mañana ir al astillero, por un lado para hacer una visita de obra y poder comprobar la evolución y el avance de las obras de la construcción del nuevo astillero y por otro lado, ya que estaba allí, hablar con el jefe de taller para ponerle en conocimiento que íbamos a estar presentes en la feria y tratar la elección del yate que expondríamos, la gestión del transporte, colocación y adecuación para poder ser visitado. Le pedí a Astrid que diese aviso a Charly para que tuviese el coche preparado llevarme al astillero, que en diez minutos bajaba y también que se comunicase con el jefe de taller para que tuviese prevista mi visita.

Revise cuatro correos que tenía pendientes, eliminé los spam y alguno más que se coló en la bandeja de entrada. Sincronicé mi teléfono móvil para recibir los correos de la empresa, cerré el ordenador y me fui en busca de Charly al aparcamiento. Al pasar por la mesa de Astrid me entregó un pequeño informe, que ya me tenía preparado, con lo que le había solicitado sobre nuestra asistencia en anteriores eventos. Me sorprendió su rapidez y eficiencia, hasta tuve la sensación que lo tenía guardado en algún archivo de su ordenador por su celeridad. Me reservé para otro momento el preguntarle como conseguía ser tan resolutiva. Haber mantenido a Astrid como secretaria, después de la compra de la empresa por parte de Dimitri, fue un gran acierto. Era una persona clave en el staff de dirección y se me representaba ya imprescindible.

Tomé el ascensor para bajar al vestíbulo y al llegar eche una mirada a ver si estaba Mar pero no la vi. Saludé a Sara y salí por la puerta principal para encaminarme al aparcamiento. No me hizo falta, Charly ya estaba con el coche en marcha esperándome.

–Buenos días Franc. Ya me dijo Astrid que te llevase al astillero.
–Pues ya sabes Charly, sin prisas, ¡Eh!
–Franc ya sabes que conduzco con prudencia.
–Claro que sí Charly, te estaba tomando un poco el pelo. ¿Cómo está tu familia?
–Bien, Franc, bien.–dijo pesadumbroso– Vamos haciendo a nuestro ritmo.

Charly se quedó callado y pensativo después de responderme, como si estuviese mascullando algo que no veía la forma de decirme, aparentando una forzada concentración en la conducción. Me inquietó ese silencio. Tuve la sensación que quizás hubiese podido trascender algo de mi relación con Mar y eso me inquieto.

–¿Me ibas a decir algo Charly? Es que me ha dado la sensación que…

Deje la frase en el aire para aprovechar mi silencio para sonsacarle unas palabras que me liberaran del desasosiego que me producía pensar que alguien pudiese sospechar algo de mi mundo paralelo con Mar. Por fin me miró por el retrovisor a los ojos para peguntarme…

–Franc ¿Es verdad lo que se dice?

No lo pensé dos veces, tenía claro que una buena defensa es un buen ataque.

–¿Qué es lo que se dice Charly? Me tienes intrigado.
–Se comenta que en el nuevo astillero se van a hacer barcos de guerra.

Miré hacia el exterior de la ventanilla para suspir por dentro de alivio

–¿Así que era eso? Charly hemos conseguido un inmejorable contrato que nos garantiza una producción continua durante cinco años.
–Para entonces ya estaré jubilado Franc.
–¿Entonces? ¿Qué te preocupa?

—Los barcos de guerra, Franc, los barcos de guerra – pronunció con voz cansina.

—No comprendo esa preocupación. Solo son barcos.

—No Franc. Son barcos de guerra y nosotros siempre habíamos hecho barcos de recreo. Si alguien encarga barcos de guerra es por algo Franc, es por algo.

Empezaba a entender su preocupación. Ahora sí. No solo era que nunca habían hecho barcos de guerra, es que ahora los vamos a hacer.

—Charly supongo que no encargan nuevos barcos porque los viejos ya no les sirven.

—Espero que sea por eso Franc y no con otras intenciones. Los barcos de guerra solo sirven para una cosa. La guerra.

Ahora fui yo el que se quedó pensativo y en silencio por la reflexión de Charly. La verdad es que no me había parado a hacer esa reflexión ética. Mi cliente y amigo hacía negocios con ello y yo me llevaba mi parte. El contrato estaba firmado y no nos podíamos echar atrás. Así que hui de ese pensamiento y trasladé mi mente a mi cita con Mar del día anterior, consideré oportuno meterme un poco con ella con lo que tanteé con la mano en el bolsillo y saqué mi teléfono móvil. Abrí la aplicación del WhatsApp y elegí su contacto para enviarle uno.

—*¿Recuperada de la batalla de ayer? 10,32*

—*En ello estoy. Lo cierto es que terminé agotada. Gracias por acercarme a casa que aún no había tenido la ocasión de decírselo. 10,35*

—*Mi Señor, ¿contento? 10,36*

Decidí que la respuesta a su pregunta tenía que esperar y me guardé el móvil en el bolsillo. La supuse hipnotizando el teléfono esperando mi mensaje. Una sonrisa maligna se asomó a mis labios que disimulé con una mueca. Responder de buenas a primeras era contraproducente y tampoco era cuestión que se creciese en exceso. Solo habían sido siete orgasmos por su parte y yo esperaba más de ella.

Al llegar al astillero y ya fuera del coche me llegó una señal acústica al móvil, creí que sería fruto de la insistencia de Mar por comunicarse nuevamente conmigo con lo que le esperaba un buen castigo. La segunda cagada podría significar el fin de nuestra relación. Me equivoqué de pleno, era un nuevo correo de Dimitri que abrí inmediatamente.

De: Dimitri247@mail.ru
A: franccirera@navaldinamic.com
El stand reservado responde al número 247. Un magnífico número como no podía ser de otra forma. Aprovechando que vengo también he hecho una reserva especial en "El Templo de los devotos del Potro" el club al que te llevé aquel día. Te quiero presentar en un colectivo que pertenecen a un selecto grupo amigos. Tienen una reunión durante los días que estaré contigo. Normalmente se citan los miércoles. Ellos profesan las mismas aficiones lúdicas que nosotros. Provéete de un par de capas negras, es lo preceptivo para las presentaciones y para los encuentros grupales. A ellas solo les está permitido llevar la capa como única prenda de vestir. Máscaras no te harán falta, allí hay de sobra, espero que hagan como en otras ocasiones, que encarguen un tipo de máscara idéntica para todos los asistentes. Puedes ir acompañado, Irina viene conmigo. ¿Quieres llevar a alguien?
Saludos
Dimitri

Él siempre iba uno o dos pasos por delante. Una sensación extraña me invadía cada vez que tenía la impresión que me leía los pensamientos y se me adelantaba. Por un lado me jodía enormemente y por otro me hacía sentir cómodamente arropado. Me quedé intrigado con la reunión de ese selecto grupo de amigos. Mi imaginación empezó a volar por la estética que Dimitri me había dibujado de la reunión. Capas, máscaras y a ellas solo les estaba permitido llevar la capa. Identifiqué en mi memoria una película que había visto hacía unos cuantos años donde una de las escena se desarrolla en un palacete de París, el protagonista, se cuela en una reunión secreta en la que todos llevan unas máscaras iguales en color dorado y una capa negra. En el celuloide el encuentro termina en una gran bacanal de sexo y lujuria. Me preguntó si quería llevar a alguien y yo me hacía la misma pregunta. En mi debate interno había una discusión acalorada sin decantarse por Mar o por Marta, una pugna entre las dos opciones, sus pros y sus contras. Una nueva señal acústica de mi móvil me alertó de una nueva misiva, otro correo de Dimitri.

De: Dimitri247@mail.ru
A: franccirera@navaldinamic.com
Mi querido Franc:
Nos lo vamos a pasar en grande, ya he reservado hotel, ya sabes, el de siempre. La feria dura toda una semana. Cuenta conmigo para la inauguración del primer día y para la clausura del fin de semana, que son los días claves. El resto de días ni tu ni yo vamos a estar, son nuestros. Busca una empresa de azafatas y contrata para toda la semana a tres o cuatro y encarga flyers y tarjetas de empresa para que puedan repartir. Elige la embarcación que vamos a exponer.
Saludos
Dimitri

Salió mi lado más alfa, mi parte más dominante para mascullar en mi soledad un "en ello estoy". El jefe de taller, que me estaba esperando en la entrada del viejo astillero, prudente esperó que terminase de mis tareas con el móvil para acercarse y venir a mi encuentro con la mano tendida.

—¿Qué tal Franc? Me avisó Astrid que venias de camino. ¿Todo bien?
—Sí. Todo bien. Vengo a echarle un vistazo al nuevo astillero, ver cómo van las obras y comentarte que vamos a estar presentes en el salón náutico de este año que es dentro de un mes.
—Franc te pongo al día mientras vamos a visitar las obras. Yo cada día me doy una vuelta para ver cómo van. Como verás está muy avanzado todo, tengo la sensación que en tres o cuatro semanas están terminando.
—Eso sería perfecto, rallando en la excelencia. Hasta podríamos aprovechar que está Dimitri y hacer una inauguración oficial. No sería desdeñable hacer coincidir ese evento con el salón náutico, publicidad gratuita.
—¿Vas a explicar lo que vamos a hacer aquí?
—No. Podemos explicar que hemos ampliado instalaciones para poder asumir más pedidos.
—¡Buena idea!—dijo el jefe de taller.
—¿Qué embarcación vas a tener terminada en dos semanas?—pregunté.

—Si me lo preguntas para el salón náutico puedes disponer de tres.

—No era mi idea exponer tres, pero dos puede estar bien. ¿Con qué contamos?

—¡Qué te parecería uno de los de cincuenta metros de eslora!

—En ese precisamente estaba pensando.

—Bien. Y si te parece bien podríamos poner una de las deportivas de treinta y siete pies.

—¿Te refieres al velero?

—Si quieres sí, pero me refería a una de motor que tenemos a punto de terminar.

—Si estás seguro de tenerla terminada optaremos por esa a motor que dices.

—Claro que estoy seguro. ¿Tenemos stand?

—Stand si pero para el grande tendré que gestionar un pantalán.

—Franc tú me dices el número del stand que nosotros nos encargamos que esté allí.

Mientras charlábamos y se organizaba el asunto del salón náutico íbamos dando una un pequeño paseo por el nuevo astillero. Caí en la cuenta que si se iban a construir fragatas no podía estar techado salvo unas zonas que ya estaban cubiertas. En verdad estaban tan avanzadas las obras que me quedé convencido que íbamos a poder inaugurar coincidiendo con el certamen. La mañana estaba siendo más fría de lo habitual, me despedí del jefe de taller y me metí en el coche. Charly lo había mantenido en marcha con la calefacción puesta con lo que la sensación al entrar fue muy agradable.

—¿Dónde vamos ahora Franc?

Aún no había desayunado y se me pasó por la imaginación ir al bar de Juan, miré el reloj de mi móvil, marcaban las doce cuarenta y cinco. Se me había pasado la hora.

—Charly llévame a la oficina, gracias.

Durante el corto trayecto hasta la oficina supuse que Dimitri estaría al corriente de la marcha del astillero. Por si acaso, pensé en enviarle un correo.

De: franccirera@navaldinamic.com

> A: Dimitri247@mail.ru
> Mi querido Dimitri:
> Quiero que sepas que voy a organizar una fiesta el miércoles por la mañana la semana del náutico y estás invitado.
> Un abrazo.
> Franc

Lo guardé en borradores para enviarlo desde la oficina. Algo tenía yo claro de la reunión del selecto grupo de amigos del "Templo de los devotos del Potro" fuese quien fuese quien decidiese que me iba a acompañar era mía y nadie le iba a poner las manos encima por muy selecto grupo que fuese. No necesitaba ningún grupo de amigos para nada y mucho menos para compartir ninguno de mis dos tesoros. Tampoco estaba en disposición de tener que hacer méritos para pertenecer a ese grupo. Intuía que por ahí podían ir los tiros y llegado el momento no iba a dudar de mis convicciones y mi voluntad.

Un nuevo aviso acústico en mi móvil me advirtió de un correo en bandeja de entrada. Pasé por recepción como un autómata sin mirar a nadie y subí apresuradamente a mi despacho con la intención de abrir mi ordenador.

> De: Dimitri247@mail.ru
> A: franccirera@navaldinamic.com
> Mi querido Franc:
> He pensado que me voy a dejar sorprender con la fiesta de inauguración que vas a organizar para celebrar la finalización de las obras y la puesta en marcha del nuevo astillero.
> Un abrazo.
> Dimitri

—Será… —pronuncié en voz alta y me mordí la lengua no fuese que Astrid me escuchase maldecirlo. Ya se me había anticipado otra vez.

Me guardé en mi pensamiento los mil improperios que me venían a la cabeza. ¿Alguna vez me va a dejar darle una sorpresa? Ni que sea…

En ese momento una suprema perversión me vino a la mente. Acababa de decidir quién me acompañaría al Templo de los devotos del Potro y esa sí que iba a ser una sorpresa.

www.ingramcontent.com/pod-product-compliance
Lightning Source LLC
Chambersburg PA
CBHW071200260626
47162CB00003B/1113